Mejorar los resultados de tu tienda depende de ti

Un repaso por todos los factores del cambio en Retail. Porque cambiar los resultados de tu tienda no depende de factores externos, sólo depende de ti. Si conoces las teclas que tienes que apretar, conseguirás resultados inmediatos. No te centres en lo externo, asume lo que está pasando y así poderlo tratar. A través de los KPI y la gestión del punto de venta, te ayudaré a conseguir los resultados que te propongas. Cuenta conmigo, cuenta contigo y engancha a tu equipo para que lo que hoy parecía un problema, mañana te de la solución. Si sabemos qué nos pasa, sabremos qué necesitamos. Si compartimos con nuestro equipo y les demostramos que de nosotros depende poderlo cambiar, los resultados aparecerán. ¿Crees en ti? ¡Estás preparado para empezar!

INDICE

1. Sobre mí……………………………………………………5
2. Introducción………………………………………..……8
3. El agobio de los no-resultados ……………………..……18
4. Romper muros: el fin de las excusas …………………..…26
5. ¿Y qué hago yo en redes sociales? …………………..…..30
6. ¿Cómo me afecta la venta online? ……………………34
7. Los KPI o indicadores de rendimiento ……………..……38
    1. Los KPI de ventas
        1. Ventas comparable
        2. UPT o Venta Cruzada
        3. Venta Media
        4. Ticket Medio
        5. Afluencia
        6. Conversión
        7. Captación
        8. Swing
        9. Fidelización
        10. Frecuencia de visita
    2. Los KPI de producto
        1. Rotación de stock
        2. Sell out o éxito
        3. Precio Medio
        4. Peso por gama o familia
    3. Los KPI de personal
        1. Productividad
        2. La Rotación de personal
        3. El Coste por hora
        4. La Cobertura de zona

8. La gestión del punto de venta……………………..……58

1. Producto
    1. Tener claro el producto
    2. La competencia
    3. El surtido inicial
    4. La reposición
    5. La rotación de stock
    6. Presentación en interior de tienda y escaparate
    7. Conocimiento y formación de producto
    8. Estrategia de precios y descuentos
    9. Escuchar al cliente

2. Operaciones
    1. La inversión, el alquiler y la expansión
    2. Mantenimiento y limpieza
    3. La gestión del camión
    4. El almacén como pulmón de la tienda
    5. La superficie de venta como el corazón
    6. La acogida, la atención y la despedida
    7. Los procedimientos
    8. El libro de visita, check list y libro de ventas
    9. Seguimiento de los resultados
    10. La Merma
    11. La logística
    12. Marketing

3. Personas
    1. El equipo, búsqueda, selección y contratación
    2. Descripciones de puesto
    3. La entrevista
    4. El ciclo de vida del empleado en la empresa
    5. La imagen del equipo en tienda

      6. Formación y evaluación
      7. Desarrollo y promoción interna
      8. El horario y la productividad
      9. Incentivos, salarios y comisiones
      10. La actitud y la motivación
      11. La entrevista de salida
      12. La comunicación

9. Mi plan de acción...108
    1. ¿Qué problema tengo?
    2. ¿Cómo lo detecto?
    3. ¿Cómo lo puedo solucionar?
    4. ¿De qué recursos dispongo?
    5. ¿Cómo lo trabajo con el equipo?
    6. ¿Qué seguimiento le doy?
    7. Ejemplos prácticos

10. Ver con ojos de ver 121
11. Retail is detail 122

SOBRE LA AUTORA

A estas alturas sabrás ya que el libro que te dispones a leer está escrito por Silvia Bach. Seguramente te interesará saber quien soy y por qué me tienes que creer. Nací en Barcelona, hija, sobrina, prima y nieta de detallistas de la fruta y verdura, es decir mi familia tenía paradas en mercados municipales de Barcelona y puedo afirmarte que de entre todos los fruteros que habrás jamás conocido, mi padre es, ha sido y será el más profesional. Él nunca supo lo que yo sé de retail pero le valió la intuición, su actitud y su profesionalidad para conseguir todo lo que ha conseguido. Eran otros años, los 70, 80, 90…

Pero hoy tanto la competencia como la digitalización, la globalización, las innovación, la ciencia y un larguísimo etcétera, nos empujan a tener que mejorar día a día con otras herramientas y sobretodo con mucho ritmo.

Yo estudié periodismo y con ello hice uno de mis sueños realidad. Para ser fiel al a verdad, durante varios años trabajé en radio, prensa, internet y televisión y disfruté, pero me formé en paralelo estudiando idiomas para asegurarme un futuro más prometedor. Y fueron precisamente los idiomas los que me dieron la posibilidad de viajar y de re-enfocar mi carrera hacia mi verdadera pasión: Retail.

Caí en el mundo de Retail casi por casualidad cuando Stradivarius acababa de ser comparada por Inditex y buscaba personas frescas con mentalidad internacional (yo había viajado mucho y había vivido en Estados Unidos, República Checa y África ya). Siempre suelo decir que las personas que me dieron esa oportunidad, que creyeron en mí por mi pasión, mi actitud y mi energía en esa entrevista, cambiaron el rumbo de mi vida.

Tras unos años en Stradivarius donde aprendí como nunca, viajé a decenas de países, abrí un centenar de tiendas a nivel internacional y sobretodo me formé, equivoqué, rectifiqué y crecí, di el paso hacia otra empresa, en este caso estadounidense, Guess. Ellos fueron los que completaron mi saber hacer. Si Stradivarius me enseñó sobre venta, producto, tienda, distribución y visual merchandising, Guess me enseñó todo lo que nunca imaginé que ni si quiera existiría sobre las personas. Aprendí a motivar, desarrollar, creer y hacer crecer, trabajar en equipo, reforzar el talento, encontrarlo y buscarlo, etc. Fueron unos maravillosos años de aprendizaje, crecimiento, marketing profesional y personal, etc.

Y llegó el momento de dar el gran salto y marché a vivir a Rusia, de nuevo con Inditex, para dirigir las cadenas en el país. Al rescatarme, Inditex lo hizo a través del programa PDD (Programa de Desarrollo de Directivos) y me dio la oportunidad de pasar varias semanas en la Sede Central de Arteixo formándome en todos los departamentos corporativos, para posteriormente lanzarme a la Dirección de Rusia, previo paso por otros países para formarme.

Rusia fue el proyecto más impactante de toda mi carrera, el más difícil pero el más enriquecedor. Me atrevo a decir que cambié la forma de ver la vida a muchas personas allí y esos jóvenes que tenía en mi equipo me enseñaron mucho más de lo que nunca antes imaginé. Por motivos personales y de salud tenía que volver a casa y volví con el proyecto Pronovias bajo el brazo. Pasé a dirigir retail del mundo de la novia a nivel mundial. De nuevo tuve en mis manos un reto de gran envergadura, que necesita aire nuevo y mucha profesionalización, pero que, nos nos engañemos, sin ganas de cambiar, es muy difícil ni siquiera dar un paso adelante.

Actualmente dirijo el mercado español en Parfois, una empresa portuguesa de accesorios asequibles para la mujer, con más de 300 tiendas bajo mi responsabilidad. Un proyecto fascinante por el modelo de negocio, por la expansión y por las personas que tengo en mi equipo.

En Parfois España hemos hecho un giro de 360 grados todos juntos, tenemos las ideas muy claras y las metas muy bien definidas. Con un grupo de personas motivadas, ilusionadas y que creen en el proyecto y en la fuerza que tenemos las personas para conseguir resultados, hemos conseguido grandes éxitos. En Parfois, nuestro lenguaje de negocio son los **KPI**. Nosotros creemos, predicamos y confiamos en los análisis que los KPI nos dan y gracias a ellos encontramos respuestas y soluciones para mejorar cada punto de venta.

Nuestros equipos conocen su negocio a través de los indicadores de rendimiento y éstos les dan la confianza para saber qué tecla tienen que tocar para conseguir mejorar sus resultados finales.

Por ellos y por todos los que confían en este método tan transparente de detectar la realidad objetivamente, he decidido escribir este libro y poder así ayudar a todos los que queráis mejorar los resultados de vuestra tienda.

Actualmente soy profesora de ESCODI (Escola de Comerç i Distribució de Catalunya) y una de las formaciones más enriquecedoras y más repetidas que doy es precisamente ésta: Los **KPI**.

¡Disfrútalo¡

Si al terminar quieres darme feedback o te gustaría compartir alguna sugerencia u opinión, aquí te dejo mi email: untombperlabotiga@gmail.com

INTRODUCCION..8

Tras muchos años trabajando en grandes multinacionales del mundo del *retail*, probablemente me he convertido en la clienta más estricta o tal vez la más observadora del mercado. Sí, lo confirmo, cuando voy de compras (y os aseguro que suele ser muy a menudo) no me fijo tanto en el producto que quiero comprar como en el servicio que recibo, en cómo está expuesto, cómo está de mantenida la tienda, cómo trabajan los equipos y sobretodo me pregunto ¿Qué habrán hecho para tener la tienda así?

Ya no me importa ni siquiera ser descubierta porque me siento como una especie de paloma mensajera como si a través de mis gestos y mi lenguaje corporal les estuviera intentando indicar qué está bien y qué está mal.

Me fijo en qué transmiten los escaparates y cómo están mantenidos o si están sucios o dejados. Me planteo si alguien ha pensado en los precios que están expuestos, ya sea a través de la cartelería de tienda o a través de los precios obligatorios del escaparate. Repaso la imagen de los empleados de arriba abajo, su uniforme, su lenguaje corporal, su seguridad, su organización y su formación. Analizo si están motivados o arrastran los pies mientras se desplazan por la tienda. Una vez dentro de la superficie de tienda voy tocando el producto para ver si alguien se percata que hay un cliente dentro y que éste, agradecería de vez en cuando un poco más de información. Doy un repaso a la iluminación, al mobiliario y al orden y limpieza de la zona de caja. Intento imaginar si la disposición del producto tiene un por qué, es decir, si al montarlo han sido conscientes de que están transmitiendo un mensaje, o si sencillamente está expuesto donde cabía o quedaba bien. Intento interpretar si la tienda vende mucho, poco o nada en función de la productividad de empleado versus afluencia. Busco sin cesar a la encargada o responsable de tienda, ésa personalidad que camina por la tienda tal cual director de orquesta y que sólo con la mirada sabe descubrir en tres segundos qué es lo que está pasando.

No soy peliculera, soy profesional. Este es mi gran defecto después de haber trabajado en empresas dónde se exigía la perfección. He aprendido que en retail, cada minuto que pasa, podemos estar perdiendo dinero o por lo contrario, estar aprovechando una gran oportunidad.

La tienda está abierta una media de 10 o 12 horas al día, durante el cual entran y salen clientes potenciales. Tantos otros pasan por delante y no llegan a cruzar el umbral de la puerta, pero podrían hacerlo si nosotros hubiéramos querido cambiar algunas cosas. Esos clientes potenciales que inicialmente son sólo paseantes pueden acabar consumiendo más o menos en función de nuestra capacidad. Está claro que detrás del éxito de cada negocio, hay un claro porqué relacionado con una buena orientación al negocio.

El sector del ***retail*** o comercio tal y como lo entendemos todos los mortales ha sufrido una de las evoluciones más espectaculares de los últimos años y probablemente más impactantes. La crisis ha golpeado el consumo con muchísima fuerza pero aún y así sigo diciendo y diré siempre que **Retail** es el mejor sector del mundo para trabajar y ganar dinero. Eso sí, si uno lo quiere conseguir.

El cliente ha cambiado mucho y no sólo lo ha hecho por el frenazo del crédito sino porque unos por los otros hemos pasado unos años mandándole mensajes contradictorios hasta que el mismo cliente ha sido el que ha decidido y tomado la voz cantante.

Hoy en día el cliente ya sabe lo que quiere y cómo lo quiere. El consumidor ha llegado a la conclusión que cuando la economía ha fallado y las ventas no han ido bien, los comerciantes o **retailers** hemos bajado precios, hemos cambiado y adaptado la oferta y hemos creado unas expectativas que serán muy difíciles de mejorar.

Durante estos años miles de comercios han cerrado sus puertas y otros tantos han sufrido día a día con el agua al cuello, esperando que este tsunami pasara.

Pero muchos otros han salido ganando. Varios **retailers** han aprovechado esta crisis para replantearse dónde estaban y hacia dónde querían ir, para conocer al cliente más a fondo, para mejorar su punto de venta y la imagen que de ellos se proyecta.

¿Qué han hecho todos **retailers** para salir de reforzados de esta crisis? ¿Qué es lo que puede diferenciarles a unos y a otros tanto?

A menudo doy charlas en Escuelas, Asociaciones y Universidades y me encuentro con un cierto pesimismo y derrotismo como si de ésta no se fuera a salir nunca. Y yo siempre pregunto lo mismo ¿Y qué has hecho tú para cambiar esta tendencia? Poquísimos son los que me pueden enumerar cambios porque han tenido miedo, porque en épocas de vacas flacas no han querido invertir o por qué no han entendido que todo lo bueno que te pueda suceder, estará siempre sólo en tus manos.

Los clientes, en contra de lo que muchos piensan, no vienen a comprar. Somos los comerciales los que les vamos a vender. Los clientes pasan y entran y se van. No estamos creando necesidades.

A menudo me dicen que yo lo veo todo muy fácil porque he trabajado en grandes multinacionales y en este tipo de empresas no se sufre tanto. Pero lo que realmente me sorprende a mí es que precisamente no saben que en las grandes multinacionales no se permiten ni un día con resultados negativos. Estar de brazos cruzados es sinónimo de fracaso, vender mal es sinónimo de oportunidad.

Mientras en una tienda de barrio o en una Pyme puede estar sucediendo que los malos resultados hagan mella y desmotiven al propietario del negocio creando un circulo vicioso negativo, en una tienda de una gran multinacional, un par de días de malos resultados son la voz de alarma para que un equipo de ayuda se ponga en marcha.

Acostumbrémonos a decir "Cuando no vendemos...." en lugar de "Cuando no se vender". Detrás de esta personalización se esconde una reflexión para intentar descifrar qué está pasando y qué podemos hacer para remediarlo.

Los años de experiencia me han demostrado que las cosas en la tienda no pasan porque sí. Siempre hay un motivo detrás de cada problema y cada problema detectado puede tener una solución a la que recurrir.

Para mí es como un juego. Si detecto el problema que está amenazando mi negocio, sabré descubrir qué teclas puedo tocar para mejorar la tendencia y los resultados. A este juego le llamo yo crear un plan de acción a través de los KPI o indicadores de la gestión. La clave está en aprender a trabajarlos y jugar con ellos. Pero sobretodo en anteponerlos a las excusas.

Durante muchos años viajando por el mundo visitando tiendas y trabajando con equipos de **retail**, he recibido tantas excusas como dialectos hay en el mundo.

Las excusas son para mí aquellos muros que los vendedores y directores de tienda construyen para evitar que los que nos cuestionamos qué puede estar pasando, sigamos "molestando". Las excusas son para muchos, esas frases a las que recurrimos para tapar deficiencias que no sabemos explicar y que ni siquiera nos queremos plantear.

Excusas que me han hecho reír durante años son "No vendemos porque está nevando" (dicho en el invierno ruso), "Vendemos menos que el año pasado porque los clientes esperan las rebajas" (dicho en España en el mes de junio, a pesar de que las rebajas desde hace mil años comienzan el 1 de julio), "No van bien las ventas porque hace demasiado calor y los clientes prefieren ir a la playa" (dicho en las Islas Canarias en pleno mes de julio), "No vendemos porque el cliente viene con un presupuesto más bajo" (dicho sin saber de antemano el presupuesto que tiene cada cliente), "No vendemos porque hay crisis y la gente no quiere gastar" (dicho sin fundamento alguno). Cada una de estas excusas y mil más que veremos durante todo el libro, sólo sirven para construir esos muros de los que hablaba, aislarse del mundo y esperar a que la vida nos devuelva esa "justicia" que tanto deseamos.

¡¡¡Y estamos equivocados!!!! Vasta ya de esperar a que el tiempo y la temperatura, la economía mundial, las estadísticas de la calle se pongan en sus sitio para conseguir crear esa atmósfera idílica que nos devuelva los resultados que tanto deseamos. Cuando vendemos es porque las cosas las estamos haciendo bien. Si no vendemos es porque algo estamos haciendo mal y nos toca encontrarlo y cambiarlo.

A través de mi plan de acción enseño a mis equipos y alumnos a cuestionarnos el trabajo que hacemos en el punto de venta a través de 6 simples preguntas. Y gracias a los KPI les ayudo a buscar respuesta cuantitativa y respuesta práctica a todos los puntos negativos.

Los KPI nos ayudan a hacer una fotografía real de la situación de nuestro negocio en un momento concreto. Nos ayudan a visualizar el problema que se nos ha enquistado y avalan numérica y objetivamente la situación.

Pero además los KPI nos ayudan a enfocar nuestra mente y a salir del bloqueo o la negatividad, que son los principales culpables de la creación incesante de excusas ridículas y pintorescas que no nos aportan nada.

Siempre me he imaginado que los KPI nacieron para evitar que los equipos pensaran que ellos no pueden hacer nada para cambiar las cosas y para poder contestar dan excusas que no aportan nada. No hay mala intención, ni muchísimo menos, pero es que no saben que hay muchas cosas que pueden analizar y que cuyo resultado puede depender de ellos. A menudo no se plantean el problema real porque salvo contadas excepciones, no se cree que los problemas de las tiendas suelen tener su raíz en el interior. La tendencia a culpar al cliente o a su comportamiento cambiante, nubla la realidad. Y es que todo lo que pasa en **retail**, pasa por nuestras manos. A través de los KPI aprenderemos a centrarnos en lo que nosotros sí podemos cambiar y a dejar aparte aquello que no podemos influenciar porque sencillamente no está en nuestras manos.

Los KPI nos abren los ojos y nos demuestran que siempre hay muchas cosas en nuestro entorno que podemos mejorar.

Los KPI, a los que muchos temen por miedo a no saber calcularlos ni analizarlos, nos ayudan a crear un plan de acción, siempre y cuando antes hayamos dado respuesta a las 6 preguntas básicas.

¿Qué problema tengo?
¿Cómo lo detecto?
¿Cómo lo puedo solucionar?
¿De qué recursos dispongo?
¿Cómo lo trabajo con el equipo?
¿Qué seguimiento le doy?

De todos modos veremos en más detalle cómo trabajar el plan de acción en otro capítulo.

Al haber llegado a este punto, los KPI nos demuestran con convencimiento que cuando un pilar está fallando, si tiramos del otro, siempre encontraremos solución.

Los KPI nos ayudan a romper muros y a huir de las excusas que tanto nos bloquean y no nos dejan ver la realidad.

¿De qué KPI estamos hablando? A lo largo del libro trabajaremos las ventas en todos sus formatos (importe, unidades, presupuesto, comparable con el año pasado, etc..), el precio medio por unidad, el precio medio por recibo o también llamado canasta media, el UPT (o unidades por ticket), la afluencia y su conversión, el swing, la productividad por persona, hora y metro lineal; la rotación de stocks, la fidelización, la frecuencia de visita y el sell out o éxito.

Explicaremos qué significa cada uno, cómo se calcula, cómo impacta en el negocio y cómo se puede influenciar. Pero sobretodo trabajaremos qué teclas deberemos tocar dentro de la tienda para conseguir mejorar cada uno de los indicadores.

Estos KPI forman parte de la biblia de trabajo de las grandes multinacionales porque como he dicho anteriormente, si para un pequeño negocio 'pinchar' o vender mal es un gran problema, para una multinacional es una alarma a desconectar.

Cuando las cosas van mal no nos podemos quedar de brazos cruzados sino que tenemos que comenzar a trabajar para cambiar esta tendencia negativa. A través del os KPI y la creación de un plan de acción, este libro pretende ser un manual de trabajo para todos los negocios donde vendemos un producto o servicio, con un personal preparado y un cliente profesionalizado.

Si bien a través de todo el libro yo cogeré como modelo de trabajo la tienda ***retail*** de moda, todos los parámetros son válidos para cualquier otro producto desde perfumería, deporte o nutrición.

Este libro no pretende tener la verdad absoluta ya que cada tienda es un mundo, pero sí tiene la intención de convertirse en un manual de consulta y aprendizaje para asegurar que las tiendas que venden bien, sigan triunfando. Y las tiendas que pasan por un bache, puedan reenfocar de inmediato está dirección.

Trabajamos con y para personas y este plan de acción a través de los **KPI** no obtendrá suficientes resultados si nos aseguramos que todos los componentes del equipo entienden, asimilan y trabajan conjuntamente el mismo método.

Este método de trabajo no es exclusivo para directores o dueños de negocio, sencillamente porque ellos no son los que defienden la venta cada hora. Este estilo de trabajo tiene que calar en el hacer diario de la tienda. Los equipos al completo se lo tienen que creer. Necesitamos de todos y cada uno de los integrantes para convertir este manual en un método de trabajo potente que nos ayude a conseguir los mejores resultados.

Yo soy de las que creen fielmente en el potencial de las personas. Al fin y al cabo, podríamos tener el mejor producto del mundo pero sin personas, éste producto no triunfaría. ¿Quién lo sacaría a la venta? ¿Quién lo repondría? ¿Quién le daría el valor añadido que hace que un cliente lo compre en un lugar u otro? Eso es, sin las personas un buen producto vendería poco. Pero con mucho talento, un producto mediocre bien expuesto, repuesto y argumentado, podría llegar a triunfar.

A lo largo de los años he podido testear el método Plan de acción a través de los **KPI** en múltiples equipos de diferentes niveles de preparación, con diferente producto y de países bien distintos.

El resultado siempre llega a ser el mismo. Lo cambia es la duración del proceso y el plan de trabajo. Unos necesitarán 3 meses y otros podrán tardar un año. La clave será que todos los equipos entiendan que a través de este "juego" su vida cambiará para mejor. Ahora tendrán muchas herramientas para monitorizar los resultados, para descubrir por qué pasan las cosas y sobretodo qué tecla pueden tocar para cambiar el rumbo.

Este método también les ayudará a poder transmitir a sus superiores qué cosas deberíamos cambiar sobre el producto, la recepción, la reposición, la exposición, los precios, la calidad, los colores, etc., y serán escuchados porque sus argumentos irán acompañados de un apoyo cuantitativo comparable.

Es posible que los primeros días de implementación debamos explicar muy bien el motivo y qué sacaran ellos de bueno de todo esto, porque sino, podrían interpretarlo como un exceso de control. Es bueno que las personas siempre cambien los métodos de trabajo sabiendo qué de nuevo, este método les puede aportar.

Así que recomiendo a todos los dueños y propietarios de negocios, directores de tienda y de área que trabajen el contenido de este libro con los equipos de tienda para que ellos lo interioricen y puedan poner en práctica este análisis con acción - reacción - resultado.

A lo largo de todo el libro me centraré en el sector moda y accesorios para que todo el vocabulario esté centrado y sea poco confuso. De todos modos todos los parámetros, matices y KPI que iremos trabajando, sirven para todos los sectores por muy particulares que sean, ya que se podrán adaptar en función de la necesidad.

Intentaré poner ejemplos que sean claros y fáciles para apoyar los contenidos. Todos los ejemplos serán reales.

EL AGOBIO DEL "NO RESULTADO"

Cuando comencé trabajando en este maravilloso mundo del *retail*, lo hice en una de las empresas más grandes del mundo. Cuando alguien me ha preguntado qué tal es trabajar para este gigante, yo siempre hablo maravillas porque me lo ha dado todo. Si estoy donde estoy, ha sido porque mi base es sólida gracias a esta grandiosa escuela del *retail*.

A nivel negocio estamos hablando de un tren supersónico de altísima velocidad, al cual todos los que trabajamos en ella, tenemos que amoldarnos. El sistema de este grande del *retail* es muy sencillo: rapidez y autonomía. Te piden que tengas constantemente presente el sentido de la urgencia porque el tiempo pasa y la tienda está abierta y te dan autonomía total para que desarrolles tu trabajo con total responsabilidad. Todo lo que pasa por tus manos es responsabilidad tuya. Así pues, todo lo que puedes cambiar por y para la tienda, pasa por tus manos.

Cada mañana, después de darnos los buenos días, se analizan las ventas de cada una de las tiendas del mundo con todos sus KPI incluidos. Se suele llamar a las tiendas para indagar qué está pasando y cómo lo vamos a cambiar. Se toman todo tipo de decisiones para evitar malos resultados y todo el mundo enfoca el día a mejorar lo mejorable.

Con este estilo de trabajo, la empresa te inyecta la pasión de la venta por vena. Vives por y para la venta, te entregas al máximo a la tienda y aplicas todos los cambios que sean necesarios para que los resultados de mañana sean mejores y tu tienda esté en lo más alto del ranking.

Aprender en esta escuela te convierte en un sabueso del negocio. Desde ese momento no entiendes otra cosa que no sea luchar para cambiar las cosas. Si te falta producto, lo luchas; si te faltan tallas, las peleas; si te falta talento, lo buscas; si te falta organización, la planteas; si te falta precio, lo pides; si te falta tráfico, reorganizas la tienda.

Pero obtener malos resultados no es una opción, sino una alarma que comienza a sonar muy fuerte y alto y que puede reventar tu tímpano de lo estridente que es.

Nunca nos permitimos que una tienda de nuestra responsabilidad 'pinche' más de un día seguido. Desde el minuto uno estamos analizando qué puede estar pasando para ponerle inmediatamente una solución.

Es por ello que luego no suelo entender por qué si los grandes que en el fondo se lo pueden permitir, no dejan pasar más de un día con malos resultados, por qué los pequeños comercios no remueven cielo y tierra para cambiar los resultados.

Y no es una utopía. Si partimos de la base que todo pasa por nuestras manos y que lo podemos conseguir todo porque los clientes no vienen a comprar sino que nosotros estamos ahí para venderles, pues lo podemos conseguir.

El problema a menudo es que entramos en un bucle negativo del que es muy difícil y complicado salir. No obtenemos buenas ventas, los equipos están bloqueados y nos dan excusas en lugar de buen feedback y nosotros, como propietarios, entramos en una negatividad absoluta que nos deja ni siquiera reaccionar.

Suelo hablar con dueños de negocios que me entienden a la perfección cuando saco a relucir este tema. Se han sentido muchas veces agobiados y asfixiados por la red de ventas que sólo transmite quejas para justificar los malos resultados.

A pesar de su voluntad de ayudar para mejorar las cosas, sólo reciben frases con "pero", "es que" y "esto no vende porque" y esto les genera todavía más tensión.

¿No os ha sucedido en alguna ocasión que vais al mercado y en la frutería o en la pescatería presenciáis insatisfacción por parte de las vendedoras hacia el dueño, jefe o comprador, sin ni siquiera inmutarse delante de los clientes?

A menudo os podéis encontrar también en tiendas de ropa cómo las vendedoras comentan que si esta prenda no gusta, que si esta capa los clientes no la entienden, que si nadie ha tocado esta pared de colores mostaza o que todo el mundo pide el pantalón en rojo y es el único del que no quedan tallas.

A menudo en tienda nos ofuscamos dentro de la negatividad resaltando las cosas negativas que nos fallan. Yo siempre he querido contagiar a los equipos con la idea de centrarse en lo único que sí pueden cambiar o controlar. Pero todo aquello que está fuera de nuestro alcance sólo sirve para bañarnos en la negatividad.

Si no tenemos buenos resultados, olvidémonos del tiempo porque cada año invierno, en un momento u otro, hará frío. Olvidémonos de la excusa de la lluvia porque tarde o temprano lloverá. Y dejemos de llorar por la falta de tallas porque no las podemos fabricar.

Así pues lo que deberíamos hacer es centrarnos en mover bien el producto que sí tenemos en tienda, en re-diseñar el escaparate o los mobiliarios de la entrada para adaptarnos a lo que el cliente busca en este preciso momento.

¿Y qué opináis del personal? Ellos lo son todo!!! Imaginaros cuanto valor ganaría la tienda si el personal estuviera más formado, mejor preparado, fuera más productivo, más enfocado a la venta, más motivado… Aquí sí que podríamos cambiar realmente los resultados.

El problema es que cuesta invertir en personas porque los resultados llegan a medio plazo, es decir no son inmediatos. Y a menudo los propietarios de negocios carecen de esa paciencia y esperan resultados ya.

Cuando trabajaba en mi gran escuela, si por la mañana no había buenos resultados lo primero que realizaba era una llamada a la directora o responsable de la tienda, con una batería de preguntas abiertas, que iba cerrando a medida que avanzaba la conversación.

¿Qué sucedió ayer? ¿Qué hicisteis que no funcionó? ¿Cómo ves el día de hoy? ¿Qué necesitas?¿Quien de la competencia nos puede estar haciendo daño? ¿Cómo te puedo ayudar?

A menudo surgían temas de producto que faltaba, ya fueran colores o tallas; a veces afectaban las promociones que podía estar haciendo la competencia; en ocasiones la apertura de un nuevo centro comercial impactaba en forma de canibalización; también podíamos estar hablando de falta de personal; o de un cambio de imagen de la tienda que no había acabado de encajar.

Pero todas estas veces estábamos hablando de suposiciones, de ideas, de opiniones; que podían ser muy válidas o tal vez un error. Es bueno despertar la intuición de los equipos que defienden la tienda día a día pero, ¿qué sucedería si esta aportación la apoyamos con un análisis previo de los KPI que son capaces de indicarnos qué nos está fallando?

Es más que probable que nuestra conclusión acabará teniendo el doble de valor que la que habíamos sacado inicialmente.

¿Qué es lo que nos preocupa del no-resultado? Como todos los que tenemos o dirigimos negocio sabemos, al fin y al cabo todo se reduce a una cuenta de resultados.

¿Qué es la cuenta de resultados?

Se trata de la hoja de viabilidad de nuestro negocio, una vez abierto y en marcha, generando ventas y gastos.

A mí siempre me ha gustado explicárselo a mis equipos como si de una botella de vino se tratara, cuyo objetivo es conseguir el mejor vino posible.

Comienzo dibujando una botella de vino, siendo ésta toda la facturación que genera el negocio. Voy vertiendo dentro los gastos mayores. En primer lugar el coste de la mercancía y el transporte de traer esta mercancía a tienda. De toda la facturación éste será el porcentaje más alto que destinaré a gasto. En segundo lugar: el coste de ocupación que representa el la inversión mensual del alquiler del local. El porcentaje de este coste de ocupación se puede comer ya una media de 15% de toda la facturación. En tercer lugar el coste de personal o lo que es lo mismo, los gastos generados de los salarios y comisiones, seguridad social y uniformes. En cuarto lugar siempre vierto el porcentaje de otros gastos como mantenimiento de tienda, publicidad, electricidad, etc.

Cuando termino de dibujar la botella entera pregunto a mis equipos ¿Y bien qué nos queda? demostrando que ese pequeño trocito libre que nos queda en el cuello de botella son los beneficios antes de impuestos.

De esta forma muy visual he podido involucrar a los equipos de tienda en dar sentido al negocio en sí. Por desgracia el personal del comercio suele olvidarse del objetivo principal que es ganar dinero por encima de vender.

Esta teoría de la botella de vino me ayuda a demostrar que en la venta no todo vale. Que a veces cuando los equipos me piden más personal, con la botella puedo demostrar que este gasto añadido puede perfectamente reducir el cuello de botella y provocar una asfixia dolorosa en el buen desarrollo de nuestro negocio.

Para ello, mi siguiente paso es ¿Y yo desde tienda, cómo puedo ayudar?

Pues bien, marco los bloques como no influenciables (coste de ocupación), influenciables (gasto de personal y ventas), y medio influenciables como (coste de la mercancía y otros gastos).

Estamos todos de acuerdo que el local una vez abierto lleva consigo un alquiler que si bien puede ser negociable, este papel pertenece a la dirección o propiedad y nunca debería caer en la responsabilidad del equipo de venta. Así pues si dejamos al margen aquello que no podemos influenciar, os centraremos en lo que sí. Esto es uno de los gastos del grupo que desde tienda no se puede impactar.

Continuamos con los que sí son medio influenciables, como los gastos varios y el coste de la mercancía que sí podemos impactar a medias. Si bien los gastos varios generados de consumo son los que son, siempre está en las manos de los equipos el hecho de poder reducirlos pero su impacto será menor. Se trata de una concienciación siempre positiva en ambientes de trabajo.

Ahora bien, respecto al coste de la mercancía, que inicialmente parece estar sólo en manos de la propiedad, sí que los equipos pueden trabajar para favorecerlo positivamente vendiendo el máximo de mercancía posible a precio entero, sin descuento alguno.

Para los productos que son de campaña y que según mercado, al final de ésta sufrirán una devaluación por las rebajas y para todos los productos que durante la temporada van sufriendo descuentos promocionales, todos estos márgenes reducidos sí están en la mano del equipo de venta siempre y cuando asuman que lo lógico y favorable es vender el máximo posible en plena temporada.

Además es un argumento muy positivo para rebatir las opiniones de los vendedores que siempre piden precios más bajos o descuentos adicionales. Con esta teoría se demuestra que los descuentos y promociones ayudan a liquidar pero ni la facturación crece rápidamente, ni los beneficios compensan.

Yo me parto de risa cuando después de haber explicado el método de la botella a los, éstos ya no saben a qué recurrir cuando en otro momento, sin la teoría de la botella, me habrían pedido promociones especiales para hacer frente a cortes de precio que tiene la competencia.

Y por último me centro en los gastos que desde tienda sí pueden mejorar y trabajar. Les explico principalmente el coste de personal y obviamente la venta.

Hay una creencia muy típica de los equipos de tienda que es que a mayor venta, deberíamos incrementar el personal. Y ante esto, yo recurro a la famosa "válvula de esfuerzo". Si incrementamos proporcionalmente el coste de personal al incremento de la venta, ésta acabará siendo poco rentable o poco productiva. Hay que encontrar un término medio y yo siempre me decanto por el tercio.

Me explico: Si yo consigo que las ventas de mi tienda mejoren en porcentaje un 15% por ejemplo respecto al año pasado, esto no podría nunca suponer un incremento directo del 15% en el coste de personal. Podría suponer un incremento del gasto de personal dado que las comisiones, si existieran, aumentarían, pero nunca hasta llegar a la paridad. Y con frecuencia me encuentro con personal que me pide contratar más horas o lo que es lo mismo, más personas. Gracias al método de la botella soy capaz de transmitir este mensaje brevemente y de una forma clara y concisa. Antes, solía recibir peticiones continuas de aumento de horas contratadas porque con dos semanas de buenas ventas, los equipos, en lugar de disfrutar del éxito, aprovecharlo y sacarle aún más partido, se obsesionaban en el exceso de trabajo y en la necesidad de entrar más personal o incrementar las horas del personal ya contratado.

No quiero decir con todo esto que el método de la cuenta de resultados metaforizado con el método de la botella de vino sea infalible pero os aseguro que como mínimo es uno de los que mejores resultados me está dando.

ROMPER MUROS: EL FIN DE LAS EXCUSAS

Ya he comentado en muchas ocasiones que el peor mal de las tiendas es la creación incesante de excusas. Excusas que bloquean la mejora y el desarrollo de la tienda.

Las excusas se procrean a toda velocidad y nacen de la necesidad que tienen los equipos de construir muros para que los que pedimos explicaciones, dejemos de hacerlo.

En todos estos años he escuchado las mayores barbaridades. A veces me han hecho reír, otras veces me han hecho enfadar. Las excusas para mí siempre han sido grandes enemigos de la humanidad pero en el caso concreto de las tiendas, éstas hacen un daño mucho más profundo, que no nos permiten avanzar.

Yo a las excusas las comparo con la construcción de los muros y considero que los equipos se pasan la vida uniendo piedra a piedra para poder montar paredes altas y bloquear los cuestionarios.

En todo este proceso de la construcción de los muros yo me pongo el chaleco amarillo de obrero y con un pico y una pala me permito romper todas las construcciones que me voy encontrando. Yo les digo a los equipos que soy un poco parecida a Mario Bros. Es decir, cuanto más construyen, más obsesión tengo yo en destruirlos.

¿Pero por qué construyen tantas excusas los seres humanos?

Porque en el fondo estas personas no creen en sí mismas y en la fuerza que pueden tender. Cuando alguien lleva años trabajando en tienda, el conocimiento que adquiere es muy valioso y profundo pero por alguna razón no explícita, durante años no hemos potenciado estos perfiles y no les hemos hecho creer que su *know how* puede cambiar el rumbo de las cosas.

Los equipos de tienda saben sobre los clientes y sus comportamientos, sobre las tendencias, las necesidades del mercado, la competencia, los hábitos de compra, los gustos y muchísimo más. Pero por desgracia no les hemos dado suficiente voz. No les hemos dicho que su opinión era importante. No hay tradición en este país y se cree que las personas que trabajan en tienda lo hacen porque no "tienen otra cosa" sin pensar que en ***retail*** hay grandes posibilidades de carrera y que la tienda es una valiosísima escuela.

El problema de las excusas que construyen muros nace del hecho que durante años no hemos desarrollado a estas personas. No les hemos hecho creer que su opinión era importante y que con sus contribuciones, el negocio iría mejor. No les hemos enseñado que ellos son los que nos ayudan a anticiparnos a las colecciones, los que saben qué podremos necesitar, los que saben qué desean los clientes y cómo lo quieren, los que dominan el tallaje y lo que queda bien, etc. No les hemos ayudado a crecer dentro de tienda, ni a contribuir más allá.

Ellos piensan que su fuerza se queda dentro cuando cruzan el umbral de la puerta. Les hemos acostumbrado a recibir comunicaciones de oficinas centrales hacia tienda y nunca a transmitir lo que saben desde tienda hasta la central. Es como si su opinión no contara o se la valorara poco. ¡Y es una gran pena! Los equipos de tienda acumulan experiencias y vivencias que aportan información muy rica para la gestión de un negocio, pero tenemos que enseñarles a estructurarla, a medirla y a analizarla.

Lasa empresas que consigan este canal de comunicación abierto y que tengan la capacidad de leer esta información que fluye desde el punto de venta hacia compradores, distribuidores, diseñadores y la propiedad, serán las que lograrán anticiparse a lo que el cliente pueda pedir.

De lo contrario, las compañías que vivan al margen de lo que sucede en el terreno, al margen de la frescura que tienen los vendedores, esos portavoces de los clientes, estas compañías, tardarán más o menos pero sufrirán en su intento por avanzar y adaptarse a las necesidades del mercado en cada época.

Las empresas que no lo hacen, viven al margen de la realidad y continúan construyendo su producto en base a lo que en una época fue. Y no son conscientes de la fuerza que hoy en día tiene el cliente. Las redes sociales le han dado visión global y rapidez. Los compradores hoy tienen muy claro lo que quieren, cómo y cuándo. Además lo quieren ya! Es inviable vivir de los recuerdos del pasado y seguir produciendo o comprando lo que en su día triunfó. Si tenemos claro que el cliente manda más que nunca y estamos dispuestos a escucharle, entonces hay que abrir este canal de comunicación bi-direccional con los equipos de tienda.

Pero para ello no dejaré de repetir que a éstas personas hay que enseñarles a leer e interpretar. Hay que respetar sus opiniones porque el respeto es eso, preguntar y querer escuchar. Diferente será qué cosas cogemos y cuales dejamos de toda esta valoración, pero lo que tiene que estar claro es que hay que tener la voluntad de abrir los oídos y dejar que las palabras fluyan.

Superada esta fase hay que trabajar con vendedores y directores de tienda para superen la barrera de la obligación y la conviertan en necesidad. Cuando sean capaces de leer que sus palabras son necesarias siempre y cuando estén bien elaboradas y fundamentadas gracias a la observación, habremos logrado el objetivo. De lo contrario, nos encontraremos con generadores de excusas porque habrán interpretado la necesidad de dar explicaciones en lugar dar aportaciones.

Todo es cuestión de confianza. La clave es conseguir que las personas que están todo el día en tienda entiendan que son importantes y que esperamos de ellas una información que nos ayudará a tomar decisiones a corto plazo. Si observamos sólo los resultados, los números son tan fríos que podemos estar perdiendo muchas oportunidades. Si en cambio combinamos estos resultados con aportaciones consistentes, nuestras decisiones son mucho más acertadas.

¿Pero entonces por qué seguimos recibiendo excusas como respuesta? pues porque los equipos siguen interpretando que su opinión no cuenta y que lo que estamos haciendo es controlarles y preguntarles a modo de examen.

Las excusas no ayudan a nadie, no aportan nada y construyen muros que hay que romper.

Para eso estamos los supervisores de zona, área managers, ***retail*** managers y directores de ***retail***; para cambiar las expectativas del punto de venta, para desarrollar a estas personas y para integrarles como parte vital de todo el proceso del éxito de una marca o producto.

¿Y QUE HAGO YO EN REDES SOCIALES?

El pequeño comercio siente mucha preocupación por pertenecer a las redes sociales. Hay un gran desconocimiento y una gran incertidumbre sobre quien, cómo y cuando debe estar presente en Facebook, instagram, twitter, pinterest, etc…

Nadie sabe muy bien cuanto es necesario, cuanto hay que invertir, dónde hay que estar o por qué hay que hacerlo. La respuesta a todas estas preguntas puede abrir un gran debate pero yo lo suelo reducir a algo tan simple como que hay que existir a nivel digital empezando por lo más básico como Facebook, google e instagram, pero sin necesidad de invertir grandes cantidades de dinero inicialmente y sobretodo siendo consciente que la cuestión no es sólo empezar sino, mucho más complicado es mantenerlo y encontrar material y contenido suficiente para darle continuidad.

En el caso de la pequeña empresa y negocio tradicional, no es necesario gastarse una fortuna montando una página web. Pero es de vital importancia estar, existir y moverse bien por lo digital. Inicialmente bastaría con tener presencia en google y crear una página de Facebook para tener presencia digital. De todos modos, ponerlo en marcha es relativamente fácil, comparado con la dificultad de generar contenido de forma regular.

Es importante aparecer en el mundo digital porque estamos en la generación google y todo lo que planeamos, lo buscamos en este buscador. Tenemos que existir digitalmente y si además colgamos fotografías, nos aseguramos que la dirección es correcta (dato importante a tener en cuenta porque suele haber muchos errores de localización) y conseguimos que nuestros clientes escriban buenas críticas, ya tendremos mucho logrado.

En segundo lugar mi apuesta sería Facebook. Aquí ya necesitamos generar contenido frecuentemente y me consta que es uno de los puntos que más estresan al pequeño comerciante. No todos estamos preparados para escribir y hacerlo bien. Y mucho menos preparados para ser creativos, acertados, comerciales y orientados al marketing online.

Facebook es una plataforma de existencia. Probablemente si no estás en Facebook, tampoco existes, pero si estás con una presencia pobre y limitada y encima poco actualizada, no sirve de nada.

En Facebook es importante generar muchos amigos y seguidores, subir fotografías, anunciar eventos, productos especiales, promociones, etc. Todo lo que sucede en tienda, debería estar en Facebook. Sólo así, los clientes lo usarían como revista de actividades y conseguiríamos la misión principal: generar tráfico a tienda.

En tercer lugar podríamos destacar Pinterest o Instagram. El primero estaría vinculado al mercado anglosajón y las Américas en general y la misión del cual es publicar fotografías y generar likes. El segundo está inicialmente relacionado con la imagen pero sirve de lanzadera para muchas bloggers y jóvenes en general que quieren comenzar a vender su producto.

La gran mayoría de tiendas online del mundo de la moda o la belleza tienen una gran presencia en instagram y es gracias a esta plataforma que consiguen generar clientes nuevos y dirigen su afluencia a su terminal de compra, página web o Facebook.

Instagram requiere generar mucho contenido fotográfico y éste tiene que ser de alta calidad. Tal y como hacen los bloggers o críticos culinarios, para ser alguien en instagram hay que publicar con mucha frecuencia y el leitmotiv de la publicación tiene que ser la imagen.

También consideraríamos twitter pero no esperando de él otra cosa que la interacción con los futuros o actuales clientes. Para el comercio tradicional, twitter tiene potencial a la hora de mandar mensajes cortos sobre acciones y para poder interactuar ante las quejas, discrepancias o buenos resultados con los clientes.

Y hemos llegado al punto más delicado, por el que habíamos comenzado, y es la creación de una página web. Para toda marca o empresa parece la base de todo negocio y puede serlo, pero hay que conocer las dificultades y costes que acarrea.

Páginas web hay muchas y los precios oscilan en función de la inversión inicial que se quiera hacer. Para profesionalizar la página web hay que externalizar el servicio y el coste aumenta inicialmente y por mantenimiento mensual. Yo me atrevería a decir que esta opción sólo sería viable para empresas que a través de 4 o 5 tiendas, generan una facturación de más de 1 millón y medio de ventas.

Si el objetivo principal es la venta online, encontrarás miles de opciones para realizarlo tu mismo, pero siempre puedes externalizar.

Tal y como sucede con el éxito de instagram, jóvenes de todo el mundo venden ropa, calzado, belleza, joyería, etc a través de páginas web muy rudimentarias pero que funcionan muy bien para comenzar un negocio online.

En el próximo capítulo veremos cómo afecta y si hay conflicto de canal entre la venta online y la venta en el negocio tradicional.

Algunos puntos a tener en cuenta son por ejemplo que para destacar a nivel digital hay que marcar siempre las diferencia, sin grandes inversiones. Hay que ser cuidadoso con el mensaje y la protección de la marca, hay que revisar mucho los textos para evitar faltas ortográficas que tanto habitan en las redes sociales y hay que tener muy clara la estrategia hacia dónde se quiere ir y por qué.

Tal y como hemos comenzado el capítulo de presencia digital, me gustaría cerrarlo afirmando que por muy pequeño que sea el negocio, es importante existir en la red. Hay que definir sin miedo y con claridad cual es el objetivo que se quiere lograr y asegurarse que el mantenimiento del contenido se podrá mantener. No hay nada más poco prestigioso que lanzar un canal digital y ser incapaz de actualizarlo.

¿COMO ME AFECTA LA VENTA ONLINE?

La venta online es el futuro absoluto del gran éxito de ***retail***. Pero esta afirmación no significa en absoluto que el comercio tradicional acabe desapareciendo porque el cliente seguirá buscando siempre una experiencia de compra que a nivel digital no se le podrá dar.

E-commerce no crea ningún conflicto de canal pero la experiencia vivida me demuestra que siempre genera mal estar porque suele verse como una amenaza.

La clave esta en un principio encontrar el equilibrio entre los dos canales y luego crear una estrategia donde estos dos canales no sólo co-existen, sino incluso se refuerzan mutuamente.

Cuando Zara lanzó en 2010 su venta online, en ningún momento lo hizo tras la intención de vender sino de crear imagen de marca. Pero como era de esperar en un corto espacio de tiempo la empresa decidió apostar por la venta también porque el éxito había sido inmejorable. Zara, que toda a vida había apostado por invertir en imagen de escaparates de tienda, descubrió a través de su página web de venta online un canal para potenciar la marca y vender igual que en los miles de localizaciones del mundo entero.

La venta online está hecha para un tipo de público muy concreto que ya sea por falta de tiempo, por lejanía o falta de acceso fácil a ejes comerciales o por no tener una conexión especial con las multitudes y las tiendas, prefieren comprar desde su casa o desde su oficina.

En las compras online encontramos varias ventajas y desventajas para el comprador habitual.

Las ventajas principales es la posibilidad de ver toda la colección sin tener que dar explicaciones a una dependienta, aparte de poder observar el producto de arriba abajo con todo el tiempo del mundo. Poder devolver el producto sin restricciones. Comprar sin colas ni agobios. A cualquier día, incluso festivos y cualquier hora del día.

Las desventajas probablemente serían no poder probarlo en el momento de la compra (aunque estaríamos de acuerdo que a posteriori en tu propia casa es mucho más acogedor). Tener que esperar los plazos de entrega, si somos muy impulsivas de las que lo que compramos lo queremos ya, es bastante molesto. Y por último, en ciertos casos, todavía existen muchos clientes desconfiados con la red o con las compras sin tocar el producto. Todavía existe gente que piensa que te van a estafar o que lo que te llegará no será lo que inicialmente pensabas que habías comprado. Pero precisamente en esto consiste el trabajo de la marca, el branding incluye también este aspecto. Si soy cliente habitual o si he comprado alguna vez de una marca ya sé lo que puedo esperar en cuanto a calidad de la prenda, el tallaje, el corte, etc. Las marcas siempre mantienen estos aspectos en sus productos ya que forman parte de su ADN.

Pero el futuro que nos espera será muy dirigido hacia lo digital y es importante que todos como empresarios apostemos por tener presencia en la red.

¿Por qué la venta online es tan beneficiosa?

Porque con poca inversión (comparado con la apertura de una tienda y todos los costes que conlleva) podemos vender cantidades muy dignas con márgenes bastante altos. En toda moneda siempre hay dos caras y aquí la cruz es que ecommerce nos obliga a dar un servicio al cliente con triple mortal porque es mucho difícil enganchar y convencer a través de las redes que en persona.

Además los clientes tienen unas expectativas muy altas y ya sabemos que no le podemos fallar. El cliente espera de la red una inmediatez y un servicio de altísima calidad que cuesta conseguir sin mirar a los ojos al cliente y sabe que podrá devolver sin sentirse mal lo que nos da un ratio de devoluciones mucho más elevado que en la tienda tradicional.

Ahora que tenemos los pros y los contra del comercio online y sabemos que no podemos darle la espalda, entraremos a valorar cuando el pequeño negocio tradicional debería entrar a jugar en esta división.

Son muchas las personas que lanzan sus productos, servicios o creaciones primero online para testear sin acarrear muchos gastos y los resultados llegan pero de forma paulatina. No podemos esperar de la venta online un gran éxito inicial por la simple razón de la confianza. Como hemos dicho anteriormente, el hecho de no poder mirar a los ojos a una persona, a la hora de comprar un producto o servicio, frena todavía a mucha gente. Es cuestión de tiempo.

Lo que es importante es no dar la espalda a la venta online porque el futuro será de ambos canales: **retail** tradicional y venta online. Uno complementará al otro y hay que comenzar desde ya.

Lo que es indiscutible es que la omnicanalidad será el camino a seguir. Es un tanto absurdo que me aventure a decir hacia dónde nos llevará online porque el poder de cambio y evolución es tan potente que en menos de un mes, mis ideas estarán caducadas.

Lo que si visualizo es una tienda offline muy conectada, con compra online en su interior, con puntos digitales que sean capaces de darnos las estadísticas del comportamiento de los clientes y los productos en el interior de tienda, etc.

Pero por encima de todo, no olvidemos nunca que, para seguir enamorando a los clientes, para evitar que sólo compren online y decidan todavía acudir a nuestras tiendas, para ello tenemos que darles una experiencia de compra especial en nuestro punto de venta.

¿Pero qué significa una experiencia de compra especial?

Debemos partir de la evidencia que el cliente está perfectamente informado. Esto es lo que tiene internet, que da acceso a la información y la opinión a todos los que lo deseamos. En internet buscamos, encontramos, aprendemos, leemos, decidimos, comparamos, apostamos… y con todo esto que nos da online, ¿qué creéis que esperamos cuando vamos a la tienda? Una gran disponibilidad de stock, un buenísimo conocimiento del personal que os atiende, una atención y una amabilidad, que se nos facilite la compra, la devolución y todo lo que decidamos hacer, etc. Pero para los clientes (si nos ponemos todos a penar con esta mentalidad nos daremos cuenta de a qué me refiero), esto es sólo lo mínimo. Queremos más, un servicio, aprender algo nuevo, reconocer que vale la pena acudir a la tienda a comprar, etc.

No es tan fácil, y no está todo creado, imaginación al poder vale la pena. Si copiamos lo que otros hacen, no estaremos haciendo nada extraordinario, pero si probamos cosas nuevas, seguro que de alguna de ellas sacaremos buenos resultados.

La clave es muy clara: Escuchar al cliente en todo el feedback que nos esté dando, consciente o inconscientemente.

LOS KPI O INDICADORES DE RENDIMIENTO

Tal y como hemos venido hablando a lo largo del libro, los KPI son los medidores del rendimiento de nuestro negocio, que nos ayudan a detectar los problemas y a encontrar las herramientas para ponerles solución.

Los **KPI** nos aportan el conocimiento esencial del funcionamiento del punto de venta, pero sobretodo nos indican en qué podemos conectar mejor con el cliente. Los **KPI** son dinámicos y nos pueden dar resultados por persona, por hora, por franja, diarios, semanales y mensuales. Nos aportan la luz suficiente para tomar decisiones y buscan esa acción reacción que provocará un cambio en la tendencia.

Podríamos dividir los **KPI** en 3 grandes grupos: comerciales, de gestión de producto y de gestión de personal.

Los KPI comerciales

Comenzaremos repasando los comerciales, dentro de los cuales cabría mencionar:

La venta comparable con el año pasado y contra presupuesto

Suelo decir que todos deberíamos comenzar a trabajar cada día sabiendo contra qué tenemos que luchar. Deberíamos tener muy claro cuánto facturamos el mismo día, la misma semana y el mismo mes del año pasado para siempre ir a mejor.

Si partimos de la idea que cada día tenemos que mejorar, saber qué hicimos el mismo día natural del año anterior, nos ayudará a batir el récord. Es como las marcas en el mundo del deporte. Para poder batir un récord, hay que saber a cuánto estaba la marca anterior. Pero en el sector comercial tenemos una ventaja mayor porque el recorrido es más bien un maratón y si hoy por desgracia fallamos y no conseguiremos el reto del año anterior, podemos esforzarnos e intentarlo de nuevo mañana ya que tanto a nivel semanal, como mensual o anual, el resultado se acumula y lo que pueda haber perdido hoy, lo puedo recuperar mañana.

La venta diaria a seguir puede ser por importe, por unidad o por ambos. Me interesará saber y trabajar al detalle con las ventas por importe generado y las ventas por unidades vendidas.

En muchísimas ocasiones, las ventas sirven para acotar los objetivos diarios, semanales y mensuales por equipo de trabajo ya que el esfuerzo de muchos por el resultado global, suele influir positivamente.

El UPT (unidades por ticket) o Venta Cruzada

A continuación, una vez conocemos el importe y las unidades a batir, nos centraremos en otro **KPI** de grandísima importancia y directamente relacionado con la atención al cliente y la capacidad del staff de realizar una buena venta cruzada. Estamos hablado del **UPT** o unidades por transacción/ticket.

UPT es la media de unidades vendidas en una sola venta a cada cliente, considerando que cada cliente se asocia a un ticket de caja. Así pues, cada recibo nos dirá el **UPT** que hemos logrado, es decir, cuantas unidades hemos vendido a un sólo cliente.

No hay un número ideal sino el que se marque cada propia marca. Para marcar retos es siempre mejor marcar superar el índice que uno mismo tiene, porque no todas las personas ni todas las tiendas son iguales. No podemos exigir un **UPT** igual a las tiendas que están en zonas turísticas que a las que están en centros financieros o de paso. Sería injusto y desmotivante.

El **UPT** sirve para calibrar la atención que los profesionales de tienda dedican a los clientes porque es directamente proporcional a la capacidad de hacer que un mismo cliente compre más de un artículo aunque inicialmente hubiera venido sólo por el interés de uno. ¿Y cómo se logra esto? Con dedicación, con formación, con conocimientos de producto, aportando valor a lo que vendemos, conociendo la psicología de la venta, etc. Pero lo que está claro es que estamos hablando de ser más productivos y ser capaces de vender más a una sola persona.

¿Cómo se calcula si el ticket no nos da esta información? Se dividen todas las unidades vendidas por todos los tickets de caja generados. Así obtendremos la media de unidades por cada cliente que ha comprado.

La Venta Media o Precio Medio

Otro valor muy importante es la **Venta Media** que se calcula dividiendo toda la facturación diaria, semanal, mensual o anual por todos los artículos vendidos. Así obtendremos el precio medio de los artículos vendidos.

A menudo se relaciona con la buena selección de producto, co la buena exposición, con la relación calidad precio y con la atención al cliente. En muchas ocasiones nos ha sucedido que creemos que el cliente busca sólo precio, pero cuando analizamos objetivamente la venta media, podemos sacar conclusiones muy distintas. La venta media se puede ver influenciada por un muy buen producto o precisamente por la falta de algún artículo concreto, pero sobretodo se ve influenciada por las promociones o descuentos y por haber traído a la tienda producto más barato con la intención, a veces errónea, de vender más.

La venta media puede ser útil en comercios de gama baja, media y alta. Pero suele ser un indicador poco usado en negocios de gama muy baja ya que precisamente la venta media por unidad debería siempre mantenerse baja, aún y así es interesante saber dónde nos encontramos, para la gestión diaria.

De nuevo, no existe un precio medio mejor ni peor, simplemente debemos mantenernos o subir el que nos hemos fijado como objetivo o aumentarlo respecto al comparable.

El Ticket Medio

La última media que valoraremos como **KPI** de gran influencia será el Ticket Medio. En esta ocasión se trata del valor medio por ticket generado. Este parámetro se calcula dividiendo la facturación realizada por todos los tickets generados.

¿Para qué nos sirve el ticket medio? Si consideramos que los clientes vienen a nuestro punto de venta con una idea preconcebida de lo que quieren comprar, el ticket medio nos ayuda a valorar si la atención al cliente que prestamos, nos está ayudando a generar más facturación o pasa desapercibida.

El ticket medio sería el consumo medio de cada cliente en cada visita a tienda, o lo que es lo mismo, cuánto somos capaces de seducir al cliente con nuestro producto, nuestra puesta en escena, nuestra formación y el valor añadido que somos capaces de dar a cada artículo que vendemos.

Por ejemplo cuando tengamos problemas de afluencia, que veremos a continuación, es decir que tenemos poca presencia de clientes, una de las posibilidades de seguir facturando sería esforzarnos en aumentar el ticket medio.

Pero más adelante en el capítulo de *Mi plan de acción* veremos cómo podemos reaccionar al detectar carencias en alguno de estos **KPI** que estamos tratando ahora.

La Afluencia

Entramos ya en el mundo de la Afluencia, uno de los **KPI** más traicioneros por la débil influencia que tenemos en él.

La afluencia es el tráfico de clientes que entran en nuestra tienda. Para medirlo de una forma correcta, muchos negocios disponen de un contador de personas en la puerta. Este contador cuenta todas las personas que cruzan la puerta de entrada, ya sean clientes directos o acompañantes.

Si recordáis bien, en varias tiendas podéis ver cómo los vendedores hacen contursionismo para salir de la tienda para evitar que el contador les cuente ya que en el mundo del retail se incentiva la proporción de compradores que compran, de entre todos los que han cruzado la puerta. Pero esto ya lo veremos más adelante.

Existen productos también que cuentan las personas que se paran en los escaparates y durante cuanto tiempo. Incluso algunos de estos sensores analizan las reacciones de los paseantes del escaparate en función de su lenguaje facial. Pero sin ir tan lejos y sin tener que recurrir a una gran inversión, el contador de tráfico es una muy buena opción.

También existen negocios que por su poca afluencia, no disponen de cuenta personas pero cuentan manualmente a los clientes que cruzan el umbral. En otros microsectores dentro del mundo del comercio, existen otras formas de contar el tráfico y es gracias a la cita previa. Me explico, por ejemplo como sucede con las tiendas de novia, se sabe de antemano cuantas personas vendrán a realizar una prueba porque sólo se puede probar con cita previa. Estas citas serían el trafico o afluencia y el control sobre quien acaba comprando y quien no, nos dice mucho del trabajo que estamos realizando.

En definitiva el tráfico es igual a la posibilidad de venta que tendremos. Claro está pero, que todo dependerá después del trabajo que hagamos con este tráfico en nuestra tienda.

Ahora que ya sabemos de dónde parte el tráfico, podemos analizar la conversión o eficiencia (que son lo mismo). ¿Qué son y para qué sirven?

La Conversión

La Conversión es la capacidad que tenemos de convertir paseantes en clientes que compran. La conversión es el porcentaje de clientes que han realizado una compra, de entre todos los que entraron a nuestra tienda y eran potenciales pero no han acabado convertidos en compradores.

Una buena conversión se asocia a una buena cobertura de zona y a una buena atención al cliente porque el equipo es capaz de convertir más 'paseantes' en compradores finales. Este reto se suele incentivar muy a menudo porque el equipo de venta lo puede influenciar y así aumentar la facturación.

La Captación

Es un KPI que valoran mucho los gestores de centros comerciales porque indica cómo de atractiva es tu tienda dentro del total de tiendas del centro comercial. Se calcula dividiendo las personas que entran en tu tienda de entre todos los clientes que pasean por el centro comercial.

El Swing

Conociendo la afluencia, la facturación y la conversión, ya podemos analizar con mucho detalle el Swing. ¿De qué se trata y para qué sirve?

El swing es el porcentaje de variación que hay entre el crecimiento o decrecimiento de la venta respecto al año pasado y el crecimiento o decrecimiento del tráfico del año anterior.

Es decir, si incrementamos la venta respecto al año pasado un 10% y analizamos el tráfico que hemos tenido y vemos que éste se ha visto incrementado un 20%, entonces no deberíamos estar muy contentos porque a pesar de las posibilidades que hemos tenido con este incremento de afluencia, no hemos sido capaces de aprovecharlo.

Sin el swing, podríamos estar valorando el incremento o la reducción de venta sin tener en cuenta cuánto nos ha ayudado o perjudicado la afluencia de público. En cambio el swing nos ayuda a analizar la situación con ojos de ver y con una realidad más objetiva. Nosotros no podemos cambiar la afluencia pero si aprovecharla en mayor o menor medida.

Si partimos de la base que un cliente satisfecho puede transmitir sus buenas sensaciones como mínimo a 3 amigos o familiares y que si éste está insatisfecho, puede transmitirlo su desencanto o malestar por lo menos a 9 personas, estamos delante de una gran necesidad: fidelizar a los clientes. Hay que recurrir a menudo al **KPI** de fidelización de clientes que nos ayuda a medir el éxito que estamos teniendo como marca o como empresa.

La Fidelización

Fidelización es el parámetro que establece la relación que hay entre los clientes habituales y el total de los tickets generados. Es decir, estamos hablando del % de clientes habituales que repiten, de entre todos los clientes de nuestro comercio (calculados como tickets de caja).

Muchas marcas o negocios crean una base de datos a través de una tarjeta de fidelidad que permite dar un seguimiento a los clientes mucho mayor y sobretodo establecer una comunicación a menudo muy efectiva, entre negocio y cliente.

A través de esta base de datos se generan promociones y vínculos que generan que el cliente repita con mayor frecuencia su compra o visita a nuestra tienda.

La Frecuencia de visita

En este mismo entorno podemos calcular la Frecuencia de visita para saber cuántas veces por semana, mes, año o temporada nos visitan nuestros clientes habituales. Gracias a este parámetro podemos estudiar acciones más concretas, más frecuentes, de mayor o menor impacto, para generar compra segura de los clientes que sabemos que son hasta un cierto punto fieles y que no podemos perder.

Tax Free

El poder del Tax Free, con la gran cantidad de turistas que suman en nuestra economía, nos ayuda a entender quien nos compra (por su procedencia), cuánto gasta, con qué frecuencia, en qué periodos del año y cada cuanto repite. Esta información es muy valiosa a la hora de planificar nuestro personal de tienda, los idiomas que deberían estar representados, cómo deberíamos planificar los horarios, el tipo de producto, los escaparates, etc.

En muchos países la devolución del Tax Free es prácticamente inmediata para que los clientes sigan comprando, pero esto no enriquece sólo el gasto que por supuesto aumenta, sino la necesidad que tienen los turistas de solicitar tax free y con ello les llegamos a conocer más fácilmente.

Por ejemplo, si cada noche al cierre yo analizo el tax free y veo que mi cliente mayoritario por facturación ha sido el chino y mi cliente mayoritario por cantidad de compradores ha sido el árabe, lo que debería hacer es cruzar esta estadística con la cobertura de persona chino y árabe que he tenido en tienda para poder planificar mejor los equipos a partir de mañana y por supuesto conseguir un mejor servicio atención al cliente, una mayor conversión y un mayor éxito de venta.

KPIs para la Gestión del producto

Dentro del grupo de KPIs para la gestión de producto tenemos inicialmente el stock como parámetro básico ya que siempre tenemos que compararnos con el mismo mes del año anterior para saber si estamos cuantitativamente hablando por encima o por debajo del stock.

A partir de aquí entrarían valoraciones como el estado del stock a nivel cualitativo, es decir si tenemos las buenas referencias y familias o subfamilias de producto que necesitamos. Como el producto es vivo porque es la demanda la que marca la riqueza de un artículo u otro, este análisis cualitativo se puede generar con valoraciones personales o de forma analítica con el KPI, Rotación de stock.

La Rotación de stock

¿Qué es la Rotación de stock? es la análisis que nos indica si rotamos mucho o poco un artículo, familia o subfamilia y si necesitamos reponer uno antes que otro en función de la demanda puntual.

¿Cómo se calcula?

Si queremos conocer la rotación de un artículo concreto, como por ejemplo un pantalón, cogeremos las unidades de stock y las dividiremos por la venta de la última semana o de los últimos 15 días para conocer a cuánto rota este artículo y como consecuencia para cuantos días tenemos stock en tienda y no crear una rotura.

Las roturas de stock hacen daño a la venta porque dejan espacios vacíos en tienda y si consideramos que la venta tiene un punto impulsivo, si el cliente se tiene que esperar, podría suceder que lo perdamos. La clave de la reposición del producto está en calcular cuanto necesitamos en cada momento concreto y siempre deberíamos tomar como objetivo la venta que hemos tenido esta última semana y si el producto es nuevo, analizarlo con tanto detalle como cuanto hemos vendido por día y cuanto habríamos sido capaces de vender si hubiéramos tendido un stock mayor.

La rotación de producto nos ayuda a apostar por la compra de artículos o saber cuánto necesitamos y cuando debemos cortarlo. La rotación de stock nos ayuda a determinar el ciclo de vida de los productos que vendemos en nuestra tienda.

Lo podemos analizar por **SKU** o referencia concreta o por familia o subfamilia. La rotación cuanto más detallada mejor. Es decir, yo analizo la rotación de una región en general para saber cómo está esa zona de producto. A continuación tengo que entrar en un nivel más y analizar tienda a tienda su situación para saber cual de ellas merecerá mi acción más inmediata. Una vez me centro en una tienda, entraremos a valorar la rotación por gama o familia (dependiendo el tipo de producto o empresa se llamará de una forma u otra). Pero debería entrar en más detalle y profundizar en la rotación por subfamilia, por color, por talla, por patrón y por referencia para tener una mayor visibilidad y poder reaccionar rápidamente.

El Sell out o éxito de venta

Otro **KPI** de gran interés para saber cuantitativamente cómo nos funciona un artículo concreto, será el Sell out, también llamado Éxito. Lo calcularemos dividiendo lo vendido por lo enviado. Es decir, de todo el stock recibido cuanto hemos vendido. El porcentaje resultante será el éxito o sell out (en inglés) de nuestra apuesta. Nos indicará si vale la pena seguir reponiendo o si de lo contrario lo tenemos que cortar o rebajar. Tal y como veremos en el capítulo del plan de acción, antes de tomar una decisión drástica, los **KPI** son sólo indicadores y luego merecemos analizar con detalle qué acciones podemos tomar antes de eliminar un artículo o rebajarlo.

El Precio Medio

Por último y dentro de los KPI de producto tendríamos el fabuloso precio medio que nos indica qué precio de media está dispuesto a pagar un cliente por cada artículo.

Se calcula dividiendo la facturación generada por las unidades vendidas. Obviamente si nuestra tienda tiene un abanico muy amplio de producto, este precio medio se puede ser muy volátil pero aún y así nos indica cuanto nos impactan los precios que tenemos en tienda.

También lo podemos calcular general, por gama, por familia, etc. Y podemos jugar con él aunque el origen de este parámetro nace en la compra de aprovisionamiento y no se ve tan influenciado en el punto de venta. Podemos impactarlo levemente con la aportación o valor añadido que el vendedor da a cada producto ante el cliente o por la exposición comercial. Pero como se suele decir en argot, "el pescado ya está todo vendido".

Peso por gama o familia

Un KPI interesante para analizar qué puede estar fallando o ayudándome dentro del producto, en mis resultados es el peso por gama o familia. Supongamos que tenemos una tienda de calzado y dividimos cada gama de calzado entre zapato plano, deportivo, botín, bota, zapato tacon y otros (como por ejemplo calcetines, bolsas para los zapatos, cordones, kits de limpieza y medias. Regularmente tenemos que saber cómo se reparten los % de venta y compararlo con otros meses, pero sobretodo con el año pasado para ver si alguno de los pesos está impactando en el resultado final. Pero también es aconsejable compararlo con el % de compra de cada una de las gamas para saber si la compra casa con la venta o aquí podríamos estar teniendo un problema o anticipando un problema que nos podría llegar a la larga.

Los KPI para la gestión de personal

La Productividad

Dentro del grupo de KPIs para la gestión del personal tenemos varios indicadores que en el fondo sólo quieren medir si los recursos que estamos empleando, están siendo productivos. Para ello se suele trabajar con dos tipos de productividades: la Productividad por Importe y la Productividad por unidad.

Ambas miden si estamos empleando correctamente las horas contratadas en cada punto de venta.

Por productividad por importe entendemos cuánto han vendido de media por hora cada uno de los empleados que este día, esa semana o mes han trabajado en la tienda. Se calcula dividiendo la venta total por las horas trabajadas. Es importante tener en cuenta que las horas trabajadas son las presenciales. Si alguien está de vacaciones, de baja o ausente por cualquier otro motivo, no contará. En cambio la productividad por unidad demuestra el parámetro de cuántas unidades por hora y persona presencial hemos vendido. Se calcula dividiendo las unidades vendidas por las horas trabajadas ese día, esa semana o mes.

Es un medidor muy valorado para analizar si el esfuerzo que pedimos a las personas de tienda cada hora o día de la semana, es el justo. Nos ayuda a tomar decisiones entre recursos empleados y venta generada.

No olvidemos, pero, que el objetivo desde el cual se parte es el resultado inicial de uno mismo. Es decir, no se puede pedir la misma productividad a todas las tiendas ni a todas las personas. Los retos tienen que ser personalizados y para poder batirlos, tienen que ser realistas ya accesibles. Es más productivo y justo luchar contra uno mismo que contra los demás.

La Rotación de personal

¿Qué es y para qué sirve el KPI Rotación de personal?

Para saber el porcentaje de personas de nuestro equipo que no permanece en la empresa y que tenemos que remplazar con todos los costes que esto conlleva: buscar el personal, entrevistarlo, reclutarlo, formarlo, integrarlo... La rotación intencionada o deseada puede ser buena. Es decir, tener una parte del staff con temporalidad es positivo pero tener una rotación demasiado elevado y que supera los límites de lo comercialmente necesario, puede ser realmente negativo.

La rotación de personal indica cuanto de fieles son nuestros equipos, cómo les tratamos, qué capacidad tenemos de retenerles. La rotación nos dice cómo tratamos a nuestros equipos y cuan atractivos somos para retenerles.

La rotación de personal mensual se calcula cogiendo el numero de personas contratadas a principio de mes y el número de personas que tenemos a final de mes. Con estos datos sacamos una media.

Dividiremos los que se han ido este mes por esta media que acabamos de sacar. Lo multiplicaremos por 100 y obtendremos el % de rotación de personal medio mensual.

Este parámetro debería ser comparable con uno mismo para poder ser realista y objetivo.

Si somos una empresa pequeña y queremos calcularlo sólo a nivel anual, todos los parámetros mensuales se trasladan al cálculo anual sin ningún problema.

El Coste por hora

En Retail también solemos utilizar el KPI de Coste por hora para saber cuanto nos cuesta cada hora invertida en tienda. Presupuestamos anualmente el coste por hora y lo vamos monitorizando durante el año como la productividad. El coste por hora nos ayuda a tomar decisiones clave como las de aumentar o disminuir el personal, aumentar o disminuir las comisiones en función de la venta y o en función del tipo de tienda, es decir si es de alta facturación o por lo contrario, baja.

El coste por hora se calcula con el salario, las comisiones y los incentivos del año anterior. Así sabemos de qué parámetro estamos hablando y cómo sufrirá o mejorará en base a la fluctuación de las horas y ventas estimadas el año que vamos a comenzar.

El coste por hora nos ayuda mucho cuando tenemos varias tiendas y queremos ver el impacto en cada una de ellas de una manera objetiva. Ya que estamos de acuerdo que las ventas y el personal no se comportará igual en un punto de venta que en otro.

¿Qué puede influir el comportamiento de una tienda u otra? En primer lugar evidentemente la localización que nos determinará el pasaje y afluencia. En segundo lugar los metros cuadrados de la tienda y si ésta tiene almacén suficiente interno o por lo contrario externo, si tiene más de una planta, si es diáfana o complicada comercialmente. Y por último el surtido de producto, el equipo y su formación y la directora de la tienda.

La cobertura de zona

También nos interesa conocer la cobertura de zona para saber cuanto personal tenemos por metro cuadrado de tienda en cada franja horaria. Este KPI es específico para tiendas medianas o grandes. Se calcula con los metros cuadrados de superficie de venta (excluyendo los m2 de almacén), dividido por las horas trabajadas totales en tienda. Suele ser interesante calcularlo incluso por hora y diario como sumatorio.

¿De qué nos sirve? Para calcular si estamos planificando bien las horas por hora y día porque si comparamos la cobertura de zona con la facturación o la productividad veremos como resultado si estamos planificando y gestionando bien o deberíamos replantearlo mejor.

Trabajemos varios ejemplos para una mejor capacidad de reacción.

Ejemplo 1: *Una tienda con 1300 personas de tráfico y una conversión de 15% facturó 15015 euros. ¿Cuánto tiene que subir la conversión para facturar más de 17.000 euros, que es su objetivo?*

Este es el típico ejemplo para describir lo que sucede cuando una tienda no llega al objetivo y el equipo de tienda explica que no ha llegado porque no había gente.

Pues bien, a través de los KPI podemos demostrar y sobretodo ayudar a los equipos a interiorizar que los resultados dependen de nosotros mismos. Si nos centramos en este caso veremos que de todo lo que hay en el enunciado nosotros nos podremos centrar solamente en la conversión. Porque un día cualquiera no podremos hacer incrementar el tráfico pero si convertir a más paseantes en compradores.

¿Cómo descubrimos qué conversión deberíamos haber cumplido para llegar, con el mismo tráfico a la venta deseada? En primer hay que saber cuantas personas son 15% (195). Y averiguar qué ticket medio ha pagado cada una de ellas dividiendo la facturación realizada entre ellas (77 euros). Si esperamos que sólo incrementando la conversión y manteniendo por supuesto el mismo tráfico y el mismo ticket medio, para llegar a superar los 17.000 euros vamos a dividirlos por 77 euros de media (221 personas). En ese caso las 221 personas de un total de 1300 que entraron estamos ante una conversión de 17%.

Así los equipos entenderán que en realidad, conseguir el objetivo está en su mano. Por supuesto no harán crecer el tráfico pero si los KPI de interior de tienda, ya sea la conversión, el ticket medio o el upt. Todos ellos nos sirven para saber qué empujoncito tenemos que dar para conseguir nuestro objetivo con los parámetros que tenemos encima de la mesa.

Ejemplo 2: *Una tienda tiene una UPT o Venta Cruzada de 2,2 y un ticket medio de 66 euros. ¿Cuánto tiene que subir la VC o UPT para que el ticket medio supere los 70 euros?*

Como en el ejercicio anterior, nos centraremos en las teclas que podemos tocar nosotros mismos y con ello impactar en el resultado final.

Si queremos subir el ticket medio que está en 66, hasta superar los 70 en este caso nos centraremos en la VC o UPT, que es lo mismo que asegurar que cada cliente se lleva más unidades de las que se estaba llevando de media, gracias a mi atención al cliente personalizada y comercial.

En este caso 66 euros de ticket medio y una VC de 2,2 suponen un precio medio de (66/2,2 = 30) y si queremos superar los 70 euros de ticket medio (70/30 = 2,33) es decir que nos tenemos que asegurar que superamos la venta cruzada de 2,33 para superar los 70 euros de ticket medio. Visto así, parece que no costará mucho porque se nos pide un pequeñísimo esfuerzo.

Si con estos ejercicios todavía consideras que no estás 100% seguro con el juego que te ofrecen los KPI, puedes contactarme a través de este email <u>untombperlabotiga@gmail.com</u>

Asimismo puedes contactar conmigo a través de este email si necesitas más formación, si te interesa una ponencia, clase magistral o charla.

LA GESTION DEL PUNTO DE VENTA

Durante años he disfrutado viajando por el mundo visitando tiendas de diferentes marcas para trabajar *in situ* las posibles mejoras de gestión con un único objetivo: vender más.

Siempre explico que un Director de una tienda es como un Director General porque gestiona la integridad de un negocio (en muchas ocasiones con facturaciones grandes) pero sin la formación o madurez adecuada si es que decidiéramos intercambiar las posiciones. ¿Verdad que nunca nos plantearíamos coger a los directores de tienda de la calle o centro comercial dónde solemos comprar y proponerles la Dirección General de empresas Pyme de nuestros país con la misma cantidad de empleados, sean 2 o 15? No nos atreveríamos.

En cambio, damos las llaves de la tienda y la íntegra responsabilidad de la gestión de un punto de venta a personas que a menudo no reciben ni la formación, ni el seguimiento, ni el apoyo necesario.

Por ello, los Area Managers, Supervisores, District Managers, Retail Managers o Directores de Retail viajamos a menudo al punto de venta para inspirar, asesorar, formar, apoyar, enfocar, animar y potenciar a los equipos de venta que defienden nuestra marca cada día. Ellos son los embajadores de la marca y son los que representan todo lo que hemos luchado, delante de los clientes.

El punto de venta es muy complicado. El trabajo es duro tanto física como psicológicamente. Se viven las alegrías de manera muy esporádica como si fuera nuestra obligación, pero en cambio se vive la tensión, los nervios y la crispación por y para la venta con muchísima presión.

A pesar de que todos los equipos, nuevos y experimentados, saben mucho y han pasado por más que probables planes de formación, en la práctica se olvidan de más del 50% por la vorágine del trabajo y porque en retail no está nada escrito, nunca sabes lo que puede suceder hoy y te sales fácilmente de la ruta planteada inicialmente.

Pero la base es tomar como punto de partida el respeto hacia las personas que trabajan en tienda y defienden la marca cada día desde que abren las puertas hasta que sale el último cliente. Ellos son la esencia y lo que da sentido al comercio, pero como nos pasa a todos, necesitan ayuda. Y ellos necesitan más apoyo que nadie porque viven encerrados dentro de una tienda sin ver más allá que los problemas diarios y la presencia de los clientes que entran y salen. Dadas las circunstancias suelen dejarse llevar y olvidar todo lo que tenían previsto. Son responsables de la colocación del producto, del escaparate, de la reposición, de la relación con el cliente, de la venta, y de la imagen. En muchas ocasiones son también responsables de la limpieza, del mantenimiento. En el caso de las Directoras o Directores de tienda también tienen que asumir el liderazgo sobre los equipos, su desarrollo, formación y coordinación. A menudo se encuentran con el reto de realizar los pedidos y apostar por los artículos que creen que pueden vender, con la presión que esto conlleva.

Y aparte de este listado que hemos enumerado, los equipos de dirección visitamos las tiendas para asegurar los procesos, que el método de la marca en cuestión se está aplicando correctamente, que estamos apostando por lo más comercial, que mantenemos el orden en tienda y en almacén, que saben analizar los resultados y todos los KPI implicados, etc.

Es decir, pedimos mucho a los equipos que trabajan en tienda, cada uno en función de su posición. Tenemos que asegurarnos que todos los puntos de venta de una misma marca, aunque se encuentren a miles de quilómetros, siguen un mismo patrón y proyectan la misma imagen a ojos del cliente.

Por ello las marcas tienen claro que el know how ha nacido fruto de la experiencia y de los años de tests y pruebas y este know how tiene que llegar a todas partes de la misma forma. A eso se dedican Area Managers, District Managers, Supervisores, Retail Managers y Directores de Retail.

Para entrar en detalle en la gestión del punto de venta, nos centraremos en 3 grandes pilares: **Producto**, **Operaciones** y **Personas**, que desarrollaremos en este capítulo. Pero antes comenzaremos centrándonos en el objetivo principal de cualquier tienda: Vender, hacer negocio y conseguir beneficios.

Cada vez que abrimos una tienda lo hacemos porque hemos tomado la decisión después de haber visto la hoja de viabilidad y haber comprobado que con la venta estimada podremos conseguir que la tienda sea viable y rentable. Aparte de la ventas que estimamos, tenemos que tener en cuenta los gastos fijos como el coste de ocupación (alquiler), el gasto de personal (las personas), el coste de la mercancía y el transporte y otros gastos como el mantenimiento, los consumibles, etc.

Sabiendo qué parámetros hemos previsto, tras la apertura, gestionaremos la tienda para conseguir los mejores resultados, reducir los costes de una manera efectiva y conseguir los mayores beneficios para continuar creciendo nuestra marca.

Podremos conseguir estos objetivos siempre y cuando pasemos tiempo en el punto de venta, con los clientes y las personas que trabajan allí cada día. Hay que saber que desde la distancia, desde las oficinas o desde el teléfono no conseguiremos nada y que en retail sólo se solucionan los problemas y sólo se puede conseguir un mejor resultado, si dedicamos todos nuestros esfuerzos desde la tienda, observando, analizando y trabajando con las personas implicadas.

El Producto

Contrariamente a lo que piensa muchísima gente, el secreto del éxito de Zara y todas sus cadenas hermanas no es el bulo que corre por ahí que tienen barcos en alta mar preparados para producir cualquier pieza de ropa que los buscadores de tendencia hayan encontrado por alguna parte del mundo.

Estas historias y otras que he escuchado a lo largo de estos años, me han hecho reír y me han llevado a pensar que el problema no es que la gente no sepa cual es el éxito real de Zara, sino que nadie sabe bien cómo se debe gestionar una tienda, es decir, como gestiona Zara y sus cadenas hermanas sus puntos de venta.

En realidad el secreto del éxito se compone de varios puntos clave que se podrían resumir bajo el paraguas de la humildad. Envían el producto a las tiendas de medio mundo con las cantidades exactas (tras haber estudiado el stock inicial perfecto). Tras vender lo máximo con una buena gestión del punto de venta, la clave es que escuchan al cliente a través de la comunicación entre personal de tienda y el departamento de producto. Si a esto le sumamos el análisis cualitativo y cuantitativo de las ventas, el resultado se implementa y en pocas semanas el nuevo producto está en tienda.

La clave pues es el producto que está directamente relacionado con la actividad de venta y con las opiniones y reacciones de los clientes. Confían tanto en el cliente y en los equipos de tienda que transmitirán está información hacia arriba, que el producto que el cliente quiere el día de mañana llegará a tiempo a tiempo a las tiendas porque la empresa ha apostado por ello.

Esto, unido a una buenísima logística, un buen visual merchandising y unos escaparates impecables, hacen un pack total perfecto para el éxito.

Para entenderlo mejor, comenzaremos con uno de los grandes pilares de la gestión del punto de venta: el producto.

Tener claro el producto

Tener claro el ADN de la marca, quien somos o quien queremos ser. Sea el producto que sea que vendamos, tenemos que tener claro en qué gama queremos trabajar, en qué rango y con qué relación calidad precio. Nuestro ADN será lo que fidelice al cliente y no podemos estar cambiando constantemente, dando bandazos porque no somos capaces de encontrar nuestro lugar.

Es necesario que sepamos quienes somos y hasta dónde podemos llegar. Por ejemplo si cogemos el caso de la llegada de Primark al mercado español, muchas marcas se tambalearon y se cuestionaron el modelo de negocio. Pero también la gran mayoría supieron que competir con el producto-precio de Primark sería imposible y por ello, continuar haciendo lo mismo que estaban haciendo hasta ese momento era inviable. Había que cambiar bien de franja, bien el concepto, bien el estilo o bien el target, pero algo diferente tenían que hacer y tenía que estar alejado de esta cadena Irlandesa.

Zara por ejemplo subió precios, calidad, concepto, coordinación visual y apostó aún más por la moda. Sea lo que fuera, la cuestión era probar nuevas posiciones en el mercado sin alejarse del ADN. El giro nunca puede ser radical.

Pero lo que habría estado mal y lo que habría hecho daño en el modelo de negocio y en la image de marca, y habría aportado pocos resultados positivos habría sido activar las promociones y bajadas de precio de forma intermitente, malinterpretado que el cliente iba a Primark sólo y exclusivamente por el precio, y así se podría competir.

La Competencia

Esto nos lleva al segundo punto de conocer muy bien a la Competencia. Desde el primer día y visitándola constantemente para poder diferenciarte de ella y conseguir batirla sin hundirla. La competencia es sana y te hace más fuerte. Contrariamente a lo que piensan muchos comerciantes que se obsesionan cuando la competencia abre una tienda al lado de la suya, esto puede ser de gran ayuda para estar en activo y buscar la mejora constante.

A la competencia hay que visitarla a diario y con ojos críticos de ver. No vale la pena visitarla para reafirmarnos que lo estamos haciendo mejor. Siempre hay que ir con espíritu crítico y ver qué producto tienen mejor que el nuestro, si su presentación es más comercial, si son capaces de vender mejor que nosotros, si su **ADN** es más fuerte y potente que el nuestro o si sus patrones son más atractivos y por defecto tienen un éxito mayor.

Estas visitas nos tienen que servir para analizar y reflexionar sobre lo que estamos haciendo hasta ahora y qué cambios deberíamos aplicar, si es que lo consideramos necesario.

La competencia es para ser respetada pero sobretodo nunca nos puede conducir a la negatividad ni al pesimismo. La competencia existe para ponernos las pilas, para despertar nuestra comercialidad y para recordarnos cada día que pierde más el que se duerme.

Reconozco que empresas líderes del mercado como todas las marcas del Grupo Inditex observan diariamente a la competencia a pesar de su fuerza. Ellos no miden su éxito por sus resultados sino que lo hacen por la capacidad de anticiparse, de reaccionar y de satisfacer al cliente. Por ello escuchan diariamente qué pide o tiene el mercado de bueno, sea competencia o cliente.

Esto nos llevaría a tocar el punto más crítico, el del **surtido inicial**, la **reposición** y la **rotación de stock**.

El surtido inicial

El surtido inicial es la cantidad de unidades por modelo, talla y color (en el caso de la moda) que enviamos a tienda por primera vez. Este producto será tratado como nuevo y por ello su reacción los primeros días en tienda, será extremadamente estudiada para saber si será necesario ampliar la compra prevista inicial o si nos está dando una pista sobre una tendencia. El surtido inicial también se creará y consolidará en función a las ventas de cada tienda, a los metros cuadrados, al perfil del cliente de esa zona, etc. Y como la venta y sus influencias fluctúan, el surtido inicial se estudiará constantemente para evitar errores que nos llevarían o bien a un sobreestock en un punto de venta o faltante de estock en otro punto de venta, no pudiendo así vender todo lo que habría podido los primeros días.

La reposición

La reposición es reponer lo vendido pero hay que hacerlo con una inteligencia comercial espectacular para conseguir los resultados deseados. El arte de reponer es muy especial porque lo sencillo pero poco acertado sería reponer sencillamente las unidades vendidas. Pero si entramos a valorar si se trata de la primera reposición tras la llegada del producto a tienda por ejemplo, deberíamos reponer en base a cuando vendimos el producto, si fue al inicio repondremos más porque es muy probable que no hayamos vendido más porque lo hayamos terminado los primeros días o horas. Tampoco es lo mismo reponer por una venta de 6 unidades en un día que por una venta de una o dos unidades entre cuatro días, con un total de 6 unidades vendidas, a pesar que en una semana completa hemos vendido lo mismo en ambos casos.

Si volvemos al concepto de Zara, podríamos decir que una de las mayores inversiones que hizo la empresa fue un sistema desarrollado conjuntamente con la Universdidad MIT de Massachusetss que calcula las unidades por talla y color para cada tienda del mundo en base al al stock, al ciclo de vida del producto y a los históricos de venta, convirtiendo el sistema de reposición del buque insignia de Inditex en probablemente el mejor del mundo. Calcula exactamente lo que necesita cada tienda como inicial y su reposición, consiguiendo que el producto se mande a la tienda que antes lo venderá y pudiendo identificar productos similares para evitar la canibalización.

La reposición seria una de las grandes claves del éxito del modelo Inditex que muchas otras marcas han querido copiar. Si lo analizamos bien veremos que la clave es enviar el producto exacto al lugar exacto, que traducido a lo terrenal sería "deje guardarme el stock para tener la capacidad de daros a todos la misma oportunidad cuando el producto es nuevo y os enviaré el stock necesario para vender más, siempre y cuando me hayáis demostrado que sois los que lo merecéis más". Como empresa me interesa asegurar que no dejaré stock hipotecado en una tienda, si hay otra que lo pueda vender antes y en mayor cantidad. El éxito total como empresa sería conseguir vender el producto cuanto antes y por ello juego con los factores de analizar quien lo ha vendido, cómo y en qué momento, cuando el producto era nuevo.

Si analizamos el comportamiento detallado, no sólo las unidades vendidas sino cuantas de ellas se vendieron en las primeras horas del total del stock que tenía, seremos capaces de descifrar cuantas habrías vendido si hubieras tenido más, o lo que es lo mismo, cuantos te debe enviar a ti antes que a otro, para que lo puedas vender rápido y en mayor cantidad.

Rotación de stock

Y por último comentaremos la rotación de stock, que ya hemos visto en el capítulo de KPIs, porque tengamos mucha o poca variedad de producto, tenemos que tener en cuenta de antemano y durante toda la campaña, la fluctuación del stock parra no quedarnos sobreestocados con lo que no vendemos y para no dejar de vender por falta de producto ya que la previsión que hemos hecho del comportamiento de la venta los últimos días, no ha sido completa ni precisa.

Como ya dijimos en su momento, la rotación de stock se puede calcular para un producto concreto, para toda una categoría o para la tienda entera.

Una manera fácil de explicar la rotación de stock suele ser: "cuanto stock necesito de esta referencia para mantener el ritmo de ventas que estoy teniendo, o todo lo contrario, cuantos días de venta necesito para acabar el stock que tengo en tienda, en función del ritmo de ventas que estoy teniendo de esta referencia".

En tienda el producto se tiene que mover lo suficiente como para refrescar la imagen pero no superar nunca el límite de marear al cliente que cada vez que viene encuentra el producto en un lugar diferente o sencillamente no lo sabe encontrar.

Si analizamos las ventas por producto, estos rankings nos ayudarán a analizar si debemos mover el producto best seller en puntos estratégicos más potentes de la tienda o no. Lo mismo nos pasará con los slow movers (o producto de venta floja) que contrariamente a lo que algunos retailers piensan, tiene que pasar a zonas de menos capacidad de venta.

Mover el producto en tienda es una buena solución para asegurar un punto de venta atractivo y comercial.

Presentación en interior de tienda y escaparate

Un vez tenemos claro el producto que queremos tener y en qué cantidades, llega el punto comercial de la imagen o exposición en tienda y en escaparate. En mis viajes por el mundo suelo ser muy crítica con este punto porque si bien las grandes cadenas multinacionales suelen mantener un estilo propio y más o menos en todas las tiendas del mundo, salvo crisis de último momento, la coordinación visual del interior de tienda es correcta. Y qué decir de los escaparates, que suelen mantenerse bastante perfectos en todas las tiendas de una misma cadena.

Pero tengo la sensación que en el pequeño comercio no se le da la importancia justa.

En el mundo del retail a gran escala encontramos Visual Merchandisers y Escaparatistas que cubren regiones o países y que visitan constantemente las tiendas para el el caso del escaparate, cambiarlo y en caso de la coordinación interna de tienda, refrescarla.

Es importante saber que los equipos de tienda no pueden acceder a los escaparates en múltiples marcas. Es un tema muy serio ya que se da por hecho que el escaparate es la imagen de la marca, la esencia, el ADN y la primera conexión entre cliente y tienda.

¿Qué sucede pero? que con tanta protección del escaparate, los equipos de tienda se olvidan de él y cuando entran cada mañana a trabajar no dedican ni un sólo minuto a revisarlo y es por eso que nos encontramos por todas partes escaparates con pelos, telarañas, carteles torcidos o caídos, suciedad, polvo o incluso moscas y mosquitos. Estoy totalmente a favor de la protección de la marca a través de la imagen del escaparate pero deberíamos trabajar con los equipos de tienda la responsabilidad de su mantenimiento.

¿Y por qué se protege tanto el escaparate y se evita que los equipos de tienda puedan modificarlo? pues para evitar que cojan producto y desmonten los maniquis, bodegones o muebles o para evitar que la imagen que se presenta sea poco agraciada. Porque hay que recordar que según la neurociencia tenemos 9 segundos para hacernos el 90% de la composición de lugar de alguien o algo. Es decir, si no tenemos más oportunidades para dar una primera muy buena impresión, sería un riesgo que en cualquier momento que pase un cliente por delante de nuestro escaparate, nosotros estubiéramos desmontándolo para vender un artículo allí expuesto. La venta prevalece, sí, pero el daño que podemos hacer a la marca y a la tienda es mucho mayor y de un impacto incalculable.

Y ya por último, para cerrar el tema, tener escaparatistas y coordinadores de visual es muy valorado no sólo por el trabajo comercial artístico en sí sino para también formar a los equipos de tienda en la imagen de la marca, en el mensaje que queremos transmitir, en cómo combinar, cómo coordinar y por qué apostar.

Conocimiento y formación de producto

Hablando de formación, ésta es vital y en todos los campos. Tras estos años de crisis en los que el consumidor ha cambiado y sobretodo ha evolucionado mucho hacia la exigencia, éste demanda que el vendedor que le atenderá sepa más que él sobre el producto y sobre la competencia. El consumidor se molesta ahora más que nunca cuando el vendedor no sabe responder a alguna pregunta, no sabe pronunciar alguna marca o desconoce las propiedades de lo que está vendiendo.

Con ello, la formaciones que los equipos de venta deberían recibir para enfrentarse al cliente deberían pasar por conocimiento absoluto del producto, de las colecciones, de lo que está por llegar, de las propiedades, de cómo combinarlo y cómo envolverlo.

Además está formación tiene que ser refrescada y reciclada paulatinamente porque entramos en un callejón sin salida cuando nuestros equipos no están al nivel de las exigencias de los clientes.

En un mundo tan global como el de ahora y dónde todo lo que quieres saber está en la red, los clientes suelen estar muy informados. Acuden a las tiendas con ipads, iphones y todo tipo de gadgets con fotografías, presentaciones y recomendaciones para apoyar lo que están buscando.

En ocasiones me he encontrado con situaciones un tanto violentas en las que se evidencia un mayor conocimiento y dominio del producto por parte del cliente, que también percibe este desencaje y suele demostrar su molestia a través del lenguaje corporal.

Para evitar estas situaciones que conllevan mayoritariamente una pérdida de venta, es necesario pasar tiempo en el punto de venta para analizar esta carencia y apostar por formaciones cortas, continuas y seguras. Sobre el producto, no hay nadie que tenga mayor conocimiento que la propia empresa que lo vende pero por desgracia se suele trabajar poco en esta linea.

He trabajado y conocido varias empresas a las que les cuesta preparar cápsulas con información sobre el producto para que estos detalles calen en el equipo de ventas y así conseguir un mayor impacto comercial. Es necesario hacerlo. Cuanto mejor sea esta información y más atractiva, más lejos llegará y en consecuencia mejores resultados obtendremos.

Estrategia de precios y descuentos

Podemos analizar la estrategia comercial de precios desde dos puntos de vista diferentes.

Cuando conocemos el ADN de nuestra marca, lo que vendemos, y por qué estrategia apostamos, deberíamos ser consistentes. Y en el caso que queramos modificar algo, analizarlo bien y no tomar decisiones de un lado para otro.

Los precios son muy sensibles no sólo para el cliente sino también para nuestra cuenta de resultados.

Si comenzamos con un precio de venta público, antes de aplicarle rebajas o promociones hay que estudiar cuánto más venderemos. No se trata de vender unidades si el beneficio será mucho menor, a no ser que se quiera hacer para vaciar estock a cualquier coste.

Y deberíamos estudiar my bien dónde estamos, quien es nuestra competencia y cómo es nuestra clientela para saber por qué carta de precios deberíamos apostar y si nos podemos permitir o no traer a la tienda algún producto especial. Pero me gustaría que tuviéramos en cuenta que tanto como estudiamos las bajadas de precio, también deberíamos plantearnos las subidas de precio con calidad, es decir, el mejorar el producto o apostar por artículos de precio más elevado, si es que nuestra clientela se lo puede permitir.

Es vital hacerse una composición de lugar a través de toda la carta de precios posible. No sólo podemos comprar producto para vender con el mark up que toque sino que además tenemos que hacer un planteamiento estratégico de qué artículos y qué gamas con qué franjas no pueden faltar en nuestro negocio.

Para que sirva de ejemplo, cuando se abre un país nuevo los pasos a seguir son en primer lugar desplazarse al país con la carta de precios del país de origen donde especifica cada tipología de precio a qué equivaldría en el nuevo país. Una vez allí se visita toda la competencia para comparar a qué precios tienen los productos equivalentes. Y qué cosas podrían estar faltando. También se analiza la cartelería en tienda, si es agresiva o no para descifrar si el precio es vital, se analizan los precios de escaparate (que equivalen Con todo esto quiero demostrar que los precios no son sólo un número y no deberían ser tratados con la volatilidad a la que recurrimos a menudo.

Escuchar al cliente

Como ya vimos en la sección de producto, escuchar al cliente es uno de los grandes éxitos del negocio en retail. Si sabemos interpretar lo que quiere y lo que está buscando, no sólo podremos cubrir sus necesidades hoy sino también el día de mañana, porque habremos transmitido a nuestros comprares qué es lo que se lleva o más se está moviendo.

El cliente no sólo habla con sus compras, sino que lo hace aún más y mejor con sus rechaces, con sus negativas, con sus preguntas o sugerencias…y a todo esto hay que darle forma para saber qué tenemos que conseguir traer al punto de venta.

Es fácil pero, que caigamos en el falso error de generalizar comentarios o situaciones que sólo son puntuales. Escuchar al cliente y analizarlo para mejorar la oferta de producto o servicio de que disponemos, nos dará información muy valiosa. Pero para querer la opinión de alguien hay que respetar su opinión y hay que querer escuchar lo bueno y lo malo. El feedback es un regalo y a los regalos, nos gusten o no, no se les hace mala cara.

Las operaciones

Debemos considerar operaciones todos aquellos departamentos que dan apoyo a la tienda, para que ésta esté enfocada exclusivamente en lo comercial.

En las grandes empresas, estos servicios tan especializados como logística, legal, mantenimiento, administración de personal, sistemas, servicios generales, obras, etc., están 100% enfocados al objetivo principal que es vender. Pero en muchísimas otras empresas, más pequeñas o dónde los servicios centrales están más separados del negocio, hay una barrera invisible que a menudo cuesta romper, pero hay que lucharlo, porque todos estos departamentos no existirían sin las tiendas y su colaboración es primordial para el desarrollo del día a día de la venta.

Así pues si somos una empresa más pequeña o más grande, tendremos más equipos o menos para apoyar el punto de venta. Pero sea como sea, estos profesionales necesitan estar conectados con la tienda, respetarla y visitarla con asiduidad. A continuación enumeraremos algunos puntos a tener en cuenta cuando abrimos una tienda o desarrollamos un negocio.

La inversión, el alquiler y la expansión

La inversión es todo lo que cuesta poner en marcha la tienda desde el inicio, las obras, las licencias, el acondicionamiento del local, la decoración, etc. Si partimos desde el inicio, es decir comenzamos nuestro propio proyecto, deberíamos ser muy cautos con la inversión inicial. Si de lo contrario ya disponemos de un cierto bagaje y éxito, el concepto de tienda es muy importante siempre y cuando éste case con el target al que nos dirigimos. No podemos sacrificar el tema digital ni el tema ecológico que tanto tirón tienen.

Pero hay que ser prudente porque entre la inversión y el alquiler, comenzamos nuestro proyecto con unos gastos altísimos que necesitamos remontar con la venta.

La expansión llega en el momento en el que estamos convencidos que nos van bien las cosas, que nuestro producto encaja y que somos capaces de gestionar más de un punto de venta.

La expansión bien hecha nos ayuda a generar más negocio, a crear conocimiento de marca, a abaratar costes, a poder negociar mejor la compra de producto y a seguir nuestra leyenda. Pero requiere capital, constancia, mucho trabajo y una presencia constante de la dirección en todos los puntos de venta.

Mantenimiento y limpieza

El mantenimiento y la limpieza se suele subcontratar a partir de una cierta facturación, pero cierto es que el negocio de proximidad gestionado por pequeñas empresas suele limpiar con los propios equipos de tienda y en el caso del mantenimiento, recurrir a servicios puntuales previamente presupuestados.

De cualquier modo, lo que es importante es que desde el punto de venta nos demos cuenta de nuestras necesidades en limpieza y mantenimiento porque lo clientes ven con ojos de ver bastante más críticos que nosotros. No quedan bien las motas de polvo, los cristales sucios, los focos fundidos, los muebles rotos, el aire acondicionado que no funciona, etc.

Todos estos puntos deberían estar bajo la responsabilidad de la directora de tienda y una de las tareas no comerciales que más tienen que ser controladas por los área managers porque suele generar mucha confusión.

La gestión del camión

Uno de los grandes artes de retail podría ser la gestión del camión. En empresas multinacionales se elaboran videos, formaciones y módulos enteros para explicar cómo tiene que ser tratada la mercancía para obtener los 3 objetivos más importantes: rapidez, menos cantidad de personas posible, que el producto que ha llegado ese día en tienda esté expuesto antes de abrir para no perder venta.

Cuando se elaboran los horarios, el camión se sitúa en la banda de tareas y no de venta para evitar que los equipos se sobrecarguen para hacer el camión ya que en ese caso, éste se demora porque entre unos y otros se relajan. Además este procedimiento es específico en función del tipo de producto, es decir, en el caso de textil, se separa ropa colgada de ropa doblada. Y desde el inicio se divide el producto entre el que irá para exposición en tienda y el que irá directamente a almacén para ser guardado y usado como reposición cuando sea necesario.

La clave es saber desde el inicio que vamos a ir apretados en el tiempo y poner en práctica el procedimiento de camión, creado en base a una cadena humana donde cada persona tiene una trabajo específico que le vincula con la persona siguiente para que entre todos tengan el mismo ritmo y si uno baja el nivel, la cadena se demora. Entre unos y otros se obligan a marcar un ritmo dinámico con una única misión: acabarlo cuanto antes, bien, sin hacer doble trabajo, sin hacerse daño y aprovechando el producto para que ese día de venta sea un buen día.

El almacén como pulmón de la tienda

Me gusta hablar del almacén como el pulmón de la tienda porque a pesar de no estar a la vista de los clientes, es de vital importancia para el bienestar y el buen funcionamiento de la tienda.

Tiene que estar ordenado, limpio, de fácil acceso, que toda la mercancía se localice rápidamente y con un método a seguir y que en definitiva, si mañana mismo yo entrara a trabajar en vuestra tienda, debería, con una breve explicación, ser capaz de no perderme y aportar como cualquier otra vendedora.

Para ello es vital que dispongamos de un manual de trabajo para la organización del almacén. No vale la pena hacer tests en cada tienda, sino trasladar lo aprendido, testeado y mejorado en otras tiendas.

Viajando por todo el mundo, tengo que decir que me he encontrado almacenes en muy mal estado y lo más preocupante es que los equipos no lo ven como algo preocupante.

Si en el almacén existe una zona para comer, descansar, para taquillas, etc., éste suele ser el espacio que está más descuidado. Los equipos de tienda suelen olvidar el orden y el buen hacer en el interior de tienda y es misión de la encargada el seguirlo y corregirlo constantemente.

También suele generar problemas la zona de material y con la base que el material mal usado o mal cuidado genera pérdidas en la cuenta de resultados, vale la pena ser muy estricto con esto también.

En el almacén me gusta guardar una zona dedicada a la comunicación (tema que hablaremos en un capítulo dedicado) y allí están fijos los corchos con la información estrictamente laboral y la información comercial como los objetivos, los **KPI** y resultados en general sobre ventas y producto.

La superficie de venta como el corazón

Al cruzar el umbral entre almacén y tienda comienza la vida al aire libre donde todo lo que hacemos, decidimos o decimos marcará el día. Será un buen día de venta o un mal día en función de lo que queramos que suceda.

No nos olvidemos que los clientes no vienen a comprar sino que los vendedores estamos aquí para vender. Un producto excelente con una malísima gestión en superficie de tienda, venderá lo justo. Un producto mediocre con una gran gestión y un gran equipo, puede conseguir muchos éxitos.

Todo lo que pasa en tienda tiene que estar dirigido por la directora de orquesta o encargada que sin tocar un instrumento concreto, dirige el resto para que todos juntos, la música suene mejor. Esta directora de tienda es la persona que surfea por toda la zona de venta y sólo entra en detalle, sólo bucea, en las zonas dónde es necesario porque hay problemas, lentitud, mala praxis o poca comercialidad.

¿Cuáles suelen ser los puntos más conflictivos?

Los probadores, las zonas calientes o susceptibles de hurto y la caja. Los probadores pueden ser una buenísima zona para la venta pero también son un punto caliente para el hurto y el caos. La ropa que se acumula en probador es ropa que no está a la venta y por ello pierde oportunidad. Además si en probadores no apostamos por un servicio comercial en el que traemos tallas, apoyamos estilismos o marcamos el ritmo de los clientes, podemos estar perdiendo una gran oportunidad.

Se dice que los clientes ya no están por la labor de hacer colas y en probadores toda cola mayor de 7 personas es ya un inconveniente que hay que resolver con tacto.

Por supuesto los probadores tienen que estar todos operativos y nunca debemos usar ninguno como almacén ya que da mala imagen, nos hace perder venta y los clientes lo ven como algo negativo. Y menciono este punto de manera especial porque me suelo encontrar con esta situación bastante a menudo.

La zona de caja es también "conflictiva" porque aquí tenemos que tener muy claro el procedimiento sino queremos incurrir en problemas derivados del descuadre de caja. Si todo el equipo tiene acceso a caja, la exponemos a un cierto riesgo. Si en cambio tenemos un cajero específico, nos cargamos de personal y en muchas tiendas no nos lo podemos permitir. Sea cual sea la elección, hay que tener el método muy claro y las normas deben ser seguidas da manera muy estricta por el bien del equipo y de la tienda.

De cara a los clientes, tenemos que recordar que la caja es probablemente la zona más delicada de tienda porque tras pasar un buen rato decidiendo qué comprar, hay que ir a pagar a caja. Es vital que reciban un muy buen servicio, que se les trate con cariño y respeto y se les reconozca el agradecimiento al comprar en nuestra tienda. Les debemos facilitar la compra y tenemos que dar respuesta a todas sus necesidades.

Pero cuando entramos en el mundo de las zonas calientes o de más riesgo de la tienda, tocamos un territorio un tanto especial.

En realidad la superficie de tienda tiene que estar siempre controlada y las zonas cubiertas, tal y como se dice habitualmente en retail. Cubrir las zonas es bueno para la venta porqué así damos servicio al cliente que sin molestarle ni agobiarle, con una sola mirada saben que estamos ahí para cuando nos necesiten. Pero al mismo tiempo evitamos que los amantes de lo ajeno encuentren un momento de despiste para robar.

La acogida, la atención y la despedida

Aquí no hay manuales porque cada marca debería tener su propio estilo de acogida en función del servicio que quiera dar, del producto que tenga o del impacto que quiera generar en el cliente.

La acogida es el estilo de la primera impresión que el equipo de tienda impregnará en los primeros segundos de cada cliente que entra en tienda. Como se suele decir, con los primeros 9 segundos los humanos nos componemos el 90% de la imagen de otra persona, cosa o espacio. Y si es cierto que no hay una segunda oportunidad para dejar una muy buena primera impresión, es aconsejable que toda marca tenga que estudiar muy bien qué formato de acogida debería dar. Si sólo un buenos días, ni siquiera eso, o mucho más. Acto seguido vendrá la atención al cliente que se quiera dar, que por supuesto se tendrá que formar y educar muy bien a los equipos. Dependiendo de nuevo del producto y del espacio, el cliente tendrá unas expectativas y como marca las tendremos que cumplir.

A menudo personas anónimas me han solicitado si podía compartir con ellos algún manual de atención al cliente y yo siempre, sorprendida, les respondo que me están pidiendo algo muy personal que casi 'forma parte de la intimidad de cada marca o tienda' porque nadie te puede decir a ti como debes enfocar la primera impresión que tu quieres dar, sin definir antes quien eres y cómo quiere que te vean.

No tengas miedo a visualizar lo que quieres representar y de qué forma lo quieres escenificar. No tengas miedo a ponerte a dibujar el estilo de atención al cliente que quieres dar.

Y por último, pero no menos importante, no dejes que la despedida o salida de la tienda sea amarga. Procura que los clientes pasen un momento agradable incluso en el momento de pagar en caja, sientan que su compra ha sido inteligente y ha valido la pena y que se van con buen sabor de boca.

Es muy molesto ver con miles de tiendas pecan en el punto de caja por no decir el precio seguido de gracias, por no mirar al cliente a los ojos, por no entregar el ticket o recoger la tarjeta con dos manos y una sonrisa, o incluso vemos a menudo como mucho/as cajeros/as hablan entre ellos y no tratan al cliente en su momento final de la compra con el cariño y la amabilidad que se merecen.

Para evitar esto, una vez más te recomiendo que dediques unos minutos a pensarlo bien y dibujarlo.

Los procedimientos

Los procedimientos es todo lo que esperas que se haga en tu tienda, redactado en formato manual. En los países mediterráneos no solemos ponernos a redactar lo que queremos que so equipos sigan, sino que somos más de transmitir de forma verbal, apoyándonos con algún pequeño manual. Pero de lo contrario, el mundo anglosajón o incluso en Alemania tiene un largo recorrido en manuales o biblias de a marca para las operaciones de tienda que son una valiosa herramienta para el desarrollo de un negocio retail.

A mí personalmente me gusta todo por escrito, de lo más básico a lo más complejo, pasando por los manuales de formación, de gestión, las normativas, la operativa, el desarrollo del negocio, etc.

No hace falta editar versiones para entregar, porque se puede usar el manual para la formación sin que nadie se lo tenga que llevar a casa. Pero no nos engañemos, si quieres que el día de mañana tus equipos están bien formados, que la información que manejan sea correcta, que todos tengan claro lo que tienen que hacer en cada caso y sobretodo qué se espera de ellos, tienes que asegurarte que en algún momento alguien se ha puesto a redactarlo para asegurar la consistencia entre todos los pasamos por la empresa.

Libro de visita, check list y libro de ventas

Hay muchas formas de dar seguimiento a la tienda. Desde el email, whatsapp, llamada, reports digitales, etc, y seguramente todos ellos son válidos para asegurar que la tienda tiene claro los puntos básicos.

Yo soy partidaria de la check list que enumera todo lo que hay que mirar, revisar, estudiar, analizar, ver, observar, etc., pero sobretodo para los equipos nuevos más juniors. La check list puede ser en papel o digital, dependiendo de la inversión que tengamos en mente. Existen otros formatos como por ejemplo el Libro de Visita, del que yo soy especialmente fan ya que a diferencia de la check list, no tiene un formato establecido de seguimiento punto por punto, sino que es un espacio libre donde plasmar todo lo visto y lo que debería retocar o perfilar para asegurar la consistencia y el buen seguimiento. Lo bueno del libro de visita es que se puede hacer con doble copia para que una copia quede siempre escrita en el libro y la otra se la puede llevar el AM para darle un seguimiento profundo incluso cuando no está en tienda.

Por otro lado, le libro de ventas es un formato que tienen algunos retailers en el que se detalla cada día lo que ha sucedido, la temperatura, inclemencias, situaciones de producto, problemas de comunicaciones o de transportes y todo aquello puntual que ha sucedido en tienda para que todo quede gravado. También existe en formato digital. En ocasiones supone un control de las tareas que la tienda tiene y marcar quien las va haciendo. Puede ser un buen gestor interno de la tienda.

Seguimiento de los resultados

Cada día la tienda tendrá unos objetivos a seguir. En muchas ocasiones varios KPI y retos. Un buen método de comunicación y motivación al mismo tiempo, para asegurar que todo el equipo los tiene claros, es una pizarra pequeña editable donde cada día se apuntará cómo vamos en el mes, en la semana y en el día. Qué objetivos tenemos que cumplir y qué retos habría que conseguir. Esta pizarra, suele estar en un lugar muy visible del almacén y sirve como muro de referencia para todos los empleados. Así sienten que forman parte de algo y que la lucha también es suya.

La Merma

La merma es la pérdida desconocida, ya provenga de hurto interno o externo o de errores administrativos con los albaranes de entrega y con las altas de stock en tienda.

Es igual al porcentaje de producto que se pierde de todo el stock que se envió en tienda. Ronda el 1%, dependiendo del sector. Se calcula como porcentaje, contando el total de lo perdido dividido entre las ventas totales del mismo periodo.

La gran parte de la pérdida viene dada por como decía anteriormente, el error administrativo, o lo que es lo mismo, no gestionar bien las entradas de mercancía en sistema. Pero también hay que prestar atención a la merma interna o hurto entre empleados y por supuesto a la externa que sólo se puede trabajar con prevención ya que una vez se ha sufrido un robo, no hay que salir a luchar porque somos comerciales y no policías.

Reconozco que las peores experiencias que he vivido en toda mi carrera en Retail, han sido relacionadas con merma interna. Ver como tus propios empleados, las personas de tu confianza, tus equipos de siempre, te fallan y no de cualquier forma sino con lo más grave: el robo, es realmente dramático.

Yo personalmente he querido tratar estos temas personalmente porque siempre he necesitado mirar a los ojos a estas personas para buscar respuestas. No las hay y no existe justificación posible. Pero necesito cerrar una etapa, la de la confianza hacia alguien que me ha fallado en algo irreconciliable.

¿Qué se puede hacer para evitar esto?

Sólo se puede crear protocolos de conducta durante la estancia en tienda como por ejemplo qué hacer con el bolso, cómo salir de tienda, tener controlada la caja, prohibir la visita de amigos y familiares, crear un doble chequeo en las devoluciones, etc. Pero si un empleado quiere robar dinero de caja o producto, lo acabará haciendo tarde o temprano y estos protocolos, si los seguimos estrictamente, nos servirán para detectarlo cuanto antes y ponerle freno.

La logística

Cuando somos una pequeña empresa y no nos podemos permitir una logística propia, dependemos de terceros y no podemos hacer más que optimizar el sistema de picking que probablemente será nuestro, dejando el transporte para otros.

El secreto será tener la capacidad de adaptarse a las necesidades comerciales de tienda y sobretodo entender que la tienda es prioritaria. No se puede llegar tarde, ni decir no a envíos especiales, ni apostar por envíos en festivos de mucha venta. Logística es un departamento de apoyo y servicio como lo puede ser legal, o cualquier otro. Sólo trabajan por y para la venta. Por y para los clientes.

Marketing

Yo comencé mi carrera profesional en una escuela sin prácticamente marketing, una gran empresa que no apuesta por invertir en publicidad sino en el punto de venta. Pero automáticamente después pasé a otra escuela, esta vez americana, que destinaba unas cantidades desorbitadas al marketing porque esta era la esencia de su deseo como marca. Si habían llegado donde estaba, muy alto, era gracias a grandes campañas de marketing, sexys y provocativas que habían convertido a la clientes de medio mundo en una especie de talibanas. Así pues he vivido y sido feliz en ambos lados de la moneda. Y por ello no tengo una idea predeterminada sobre qué lado es mejor o más productivo. Considero que se trata de una apuesta de marca. Si quieres invertir en la tienda, la localización, el concepto y el escaparate, seguramente no podrás permitirte grandes inversiones en publicidad o sencillamente no lo verás oportuno. En cambio si quieres crear un deseo a través de tus productos porque lo que vendes es realmente marca, un estilo de vida, una forma de ser, entonces tendrás que apostar por invertir en campañas agresivas que construyan a tu alrededor ese áurea que te hará deseable.

Se podría decir que por un lado un mundo vive por y para el producto y su exposición en tienda y por otro lado por el deseo y la necesidad que crea el marketing.

En cualquier caso, soy de las nostálgicas que cree en la inversión en publicidad o relaciones públicas cuando se abre un punto de venta para conseguir que la tienda viva un buen pistoletazo de salida.

A nivel local, cuando he estado abriendo tiendas en regiones y localidades bien pequeñas he echado en falta este tipo de acciones que si bien las grandes marcas podríamos decir que detestan por no ser marketing global, es muy razonable.

Lo que está claro es que con inversión en marketing las cosas se mueven a más velocidad. El coste, eso sí, es otra cosa a estudiar.

Personas

Entramos en el maravilloso mundo de las personas. Soy una apasionada de la afirmación "sin las personas las cosas no suceden". Pero suelo ser muy crítica con lo que pasa en nuestro país donde no se suele invertir ni apostar por la gente porque se desconoce la importancia que van a tener. Aquí, por desgracia, vivimos rodeados de gente con problemas de ego e inseguridad que no comparte el conocimiento por miedo a perder lo que tienen. Que no saben que los buenos equipos son los que te hacen a ti mejor, que no entienden que las personas son las que ayudan a hacer los retos realidad. Y que como dicen los americanos, "Entramos en las empresas por los proyectos y nos vamos cuando nos fallan las personas". Yo trabajo para tí y tú trabajas para mí. Entonces no me falles y yo no te fallaré. Juntos podremos conseguir más.

El equipo, búsqueda, entrevistas, selección y contratación

Buscar personal para tienda no es tarea fácil porque estamos hablando de un perfil joven, con rotación y a menudo temporal. Es una pena que en nuestro país, trabajar en comercio no se asocie con la posibilidad de hacer carrera y de crecer. Está de algún modo mal visto, como si se tratara de una profesión sin futuro y a dónde van a parar todos los que no saben qué quieren ser de mayor.

Yo soy una gran defensora de este sector. Soy una apasionad del Retail y con los años me ha demostrado que incluso en los peores momentos, ha habido posibilidades de trabajo y de crecimiento personal y profesional.

A pesar de los malos momentos, el comercio sigue existiendo, se abren y cierran tiendas y se necesitan equipos para continuar vendiendo y creciendo.

Por el lado del personal siempre digo que hay que trabajar mucho, muchisimo más de lo que podemos imaginar. Es un trabajo que requiere horas y horas de esfuerzo físico. Hay que amar el punto de venta. Pero si a esto le unimos hablar idiomas, estar dispuesto a viajar e incluso a pasar temporadas fuera de casa, podrás labrarte una buena carrera y tener un futuro prometedor.

Si nos ponemos en el lado del propietario de un comercio, tendremos que ver el personal de tienda como potencial de futuro, personas a las que tenemos que desarrollar, hacer crecer y promocionar para que el día de mañana.

Y desgraciadamente muy a menudo sólo ven a los perfiles como horas contratadas, que dan un servicio a la tienda y nada más. Hay que enseñarles, formarles, educarles, enfocarles.

Cuando busco los perfiles para mi tienda, debería en primer lugar determinar en qué marcas me debería fijar. Aparte de definir el perfil, tengo que saber qué estilo de staff quiero para mi punto de venta y no hay mejor ejemplo que el que tienen los demás. Seguro que existen marcas donde tú mismo hayas ido y hayas sentido la profesionalidad y te guste el ADN que tiene el personal. Este benchmarking sirve para definir el estilo de personas en los que nos vamos a fijar.

El proceso de entrevista en retail puede ser muy largo y poco provechoso, por culpa de la rotación.

Aquí yo te propongo un método productivo y bastante efectivo que te puede servir a ti también.

Una vez seleccionados los perfiles que a través de haber echado un vistazo a los CV, me interesan, realizamos una entrevista 'filtro' telefónica para determinar cuales son viables y cuales no.

A través del teléfono, si es que estamos buscando comerciales para trabajar en tiendas, y esta es la intención, se puede sentir la actitud, la empatía, la responsabilidad, el liderazgo, los dotes de comunicación, etc. En esta fase ya hemos hecho una buena criba para empezar.

A partir de aquí, y si lo que estamos buscando son vendedores de tienda, por ejemplo, les citamos para una primera entrevista grupal.

¿Qué es la entrevista grupal?

Reunimos en una sala a un grupo de candidatos, entre 10 y 14, durante una hora y media. Les pedimos que se presenten y que lanzamos preguntas al aire para ver cómo interactúan, cómo se comunican, qué lenguaje corporal tienen, cómo respetan sus opiniones, etc.

En función del resultado, escogeremos a los que han demostrado unas aptitudes más enfocadas a la venta, y les invitaremos a una entrevista personal. Está claro que habremos realizado un filtro y en sólo una hora y media habremos conocido a muchos candidatos para quedarnos con los que más nos han gustado.

De otra forma habríamos dedicado una media de una hora por candidato y en un sólo día no habríamos tenido suficiente.

Tras las entrevistas personales, ya tendremos una comosción de nuestro equipo ideal.

La duda está en si deberíamos o no pedir referencias. O pedirlas y si las conseguimos, escucharlas entre pinzas. A menudo las referencias no son objetivas o confunden. Pero en varias ocasiones pueden ser premonitorias.

De cualquier modo tenemos que usa el periodo de prueba para evaluar al candidato. Si durante este periodo no es un candidato 10, entregado, ilusionado, con buena actitud, apasionado del cliente y de la venta, buen compañero, etc., estaremos en todo nuestro derecho de comunicarle que este periodo de prueba no ha sido superado.

En los casos de promoción interna, podemos usar también este periodo de prueba no contractual sino de posición para asegurarnos que ambas partes estamos satisfechos con lo que supone este siguiente nivel. Así la empresa no tendrá miedo a promocionar internamente y el candidato se sentirá acompañado ante el respeto que puede provocar una promoción.

Descripciones de puesto

Probablemente es uno de los trabajos que más cuestan para empezar. Imaginaros tener que describir qué se espera de cada uno en su posición, qué hará en el transcurso de su trabajo, cómo lo hará, a quien reportará, etc. Esto que para el mundo anglosajón es algo necesario antes de contratar y de incorporar a cada empleado, para los países mediterráneos es más difícil de encontrar.

Es un muy buen ejercicio para analizar si el organigrama es coherente, si la linea de reporte tiene sentido, si habrá suficientes personas para cubrir unas determinadas necesidades, etc. Pero por encima de todo es importante para entregarlo y compartirlo con el candidato o ya empleado para ambos sepamos en qué caminos nos encontramos y dónde deseamos encontrarnos.

La entrevista

Muy a menudo, cuando buscamos perfiles para tiendas, caemos en el error de preguntar siempre las mismas preguntas y nunca entramos realmente en el perfil del entrevistado. También nos ponemos a entrevistar sin saber muy bien lo que buscamos. ¡Y es que no todo el mundo sirve para trabajar en todas las tiendas!

Hay que tener muy claro si el foco está en la atención al cliente, en la rapidez, en la comercialidad, en gusto por el producto, en la organización, etc. Y para saber si esto lo vamos a encontrar en el candidato que tenemos delante, es importante llevarle siempre a su pasado, donde él quiera, y que os explique cómo resolvió situaciones que os interesen de atención al cliente, gestión, comercialidad o cualquier otra aptitud. Por ejemplo si te estoy entrevistando y te pregunto si eres comercial, tu me dirás que sí y yo no habré, en realidad, descubierto nada. Pero si te pido que recuerdes cualquier momento del pasado en el que fuiste realmente un buen comercial en tienda y me lo describas, entonces conoceré mucho más de ti en realidad.

En muchas ocasiones en Retail se suele recurrir a las entrevistas grupales para ahorrar tiempo y para poner a todo el mundo en la misma situación y así asegurarse que de entre todos los del grupo, resaltan los más comerciales, comunicadores, gestores, vendedores, etc., en función de lo que realmente tú quieras descubrir a través de los workshops.

¿Cómo se desarrollan estas entrevistas grupales? Se cita a un número de candidatos (entre 5 y 12) y se les reúne en una sala o en ocasiones en almacén de una tienda. En el transcurso de una media hora o 45 minutos se les explica brevemente la empresa y qué estamos buscando. A continuación se les propone que se presenten brevemente y se realizan varios workshops con el foco puesto en los que realmente queremos descubrir. Además para finalizar se lanzan preguntas al aire que ellos pueden ir contestando para analizar cómo interactúan, como se respetan, cómo se escuchan, etc.

De este tipo de dinámicas salimos con ideas muy claras de los candidatos que tienen potencial en función de lo que estemos buscando.

El ciclo de vida del empleado en la Empresa

1. Atracción: entendida como la capacidad que tiene la marca, tienda o Empresa de ser atractiva para el talento del mercado. Que las personas quieran trabajar allí.

2. Acogida. Que el inicio de la relación entre empresa y trabajador sea de enamoramiento.

3. Descripción del puesto. Que ambos, empresa y empleado tengan claro dónde se deben encontrar los caminos.

4. Compensación. Que el paquete retributivo tenga una parte de variable y sea lo suficientemente atractivo como para que el trabajador se sienta motivado pero no sobre-pagado.

5. Formación. Para el inicio y de manera constante.

6. Promoción interna y Plan de Carrera. Que el candidato conozca y pueda acceder a todas las posibilidades de crecimiento dentro de la Empresa.

7. Salida* Que la salida sea positiva y satisfactoria, ya sea por jubilación o porque empleado y Empresa no han cruzado caminos en algún punto de la trayectoria.

La imagen del equipo en tienda

Me gusta que antes de empezar a trabajar en nuestra empresa, las personas sepan qué esperamos de su imagen, es decir qué está permitido y qué no.

Es bueno que sepan qué tipo de maquillaje, peinado y manicura está permitido. Qué tipo de uniforme tendrán que llevar. Si pueden o no tener piercings y tatuajes visibles, etc. y así evitaremos confusiones a posteriori. Muchas marcas lo hacen, sin ir más lejos, las marcas de lujo exigen una imagen muy concreta a sus equipos. Dando una vuelta por varias tiendas de moda de la ciudad, nos haremos una idea de qué estilismos están permitidos en un lugar y en otro. Si lo aclaramos antes de comenzar, no habrá problema alguno.

¿Es imprescindible el uniforme? ¿éste tiene que ser igual para todos o puede ser producto de tienda? No hay verdad absoluta, sólo imagen que según el ADN de la marca se quiera dar. Cuando decidimos esto punto es importante ponerse en los ojos del cliente ¿Qué espera de nosotros?, ¿Qué le gustaría más?, ¿Qué imagen quiere ver en nosotros? Por poner un ejemplo, algunas marcas de belleza tienen unas batas blancas como uniforme de los equipos de tienda para proyectar experiencia, conocimiento, medicina, calidad, sabiduría. Una marca de lujo muy conocida tiene como imagen un estricto código de vestidos o jerseys negros o azul marino, siempre con cuellos y puños blancos, pelos recogidos como en las azafatas de avión, labios marcadamente rojos, etc. No está nunca bien ni mal, sólo hay que encontrar el perfil ideal que queremos mostrar en nuestro proceso de experiencia de compra.

Formación y evaluación

Muchos de los errores que se comenten en retail es acortar o reducir radicalmente la formación por el estrés de cumplir los plazos de venta. Es decir, contratamos y mandamos a su puesto de trabajo a las personas sin enseñarles ni los mínimos porque nos interesa más cubrir su posición. Este 'pan para hoy y hambre para mañana' es peligroso porque estamos poniendo al personal en una posición incómoda y probablemente en dos días se cansará.

A las personas hay que acompañarlas, explicarles qué esperamos de ellas, cómo serán los plazos y de quien aprenderán y por supuesto durante cuanto tiempo.

Aunque vengan de otras marcas, cada una de ellas tienen un estilo y método propio, cada una tiene un proceso a seguir, un producto a aprender y no es justo que por nuestra propia presión, lo eliminemos de cuajo. A corto plazo nos haremos daño a nosotros mismos.

Hay que invertir en formación, seguimiento y evaluación.

La evaluación no es una corrección. El seguimiento es lo que nos permite que podamos ir corrigiendo y mejorando lo que los profesionales van haciendo.

En cambio la evaluación es esa sesión anual o bi-anual en la que los miembros de tu equipo se sientan contigo para comentar juntos lo que esperamos de ambos y cómo nos hemos visto estos últimos meses atrás y si hemos conseguido los objetivos que nos habíamos marcado en la última evaluación, si es que la hubo.

La evaluación no tiene que ser a 360 grados porque me atrevería a decir que no estamos preparados para ello, pero sí propongo que uno mismo se evalúe, antes de recibir el feedback del responsable directo. Tiene que ser una conversación constructiva y hacia la consecución de logros cercanos. Alejada de toda crítica y sin entrar en casos puntuales. Se trata de que juntos encontremos el camino que queremos seguir.

La evaluación da riqueza, transparencia y profesionalidad a las organizaciones y a las personas.

Cuando preguntamos a través de encuestas a nuestros empleados qué echan en falta, todos suelen apostar por la formación. Las empresas de retail son poco dadas a la transmisión de conocimiento.

Por un lado el gran culpable es el miedo a preparar documentación y compartirla y que ésta vaya a la competencia. Primer gran error.

En segundo lugar, dado que el sector comercio tiene en su mayor parte perfiles poco formados, no se espera de ellos que necesitan avanzar en más formación. Esto nunca pasaría con un informático, un abogado o un médico. Segundo gran error.

En tercer lugar las empresas suelen sufrir una gran rotación de personal en retail y prefieren no invertir en formación porque si lo hacen, corren el riesgo que estos formados se marchen a la competencia. Tercer error.

En cuarto lugar muchas empresas consideran formación, ese conocimiento que se transmite para el lanzamiento de un nuevo proyecto, sistema o procedimiento dentro de la empresa. Cuarto error.

En resumen apostar por la formación es apostar por el crecimiento y los resultados de la empresa. Los empleados necesitan formarse por motivación personal, para evolucionar y para reciclarse. Formarles en gestión de personas y liderazgo, en herramientas excel por ejemplo, en atención al cliente y hospitalidad, en gestión de conflictos, en comunicación y un larguísimo etcetera. ¿Y el miedo a que se vayan? bueno, pues si te vale la pena, intenta que no lo hagan pero si aún y así quieren volar, déjales, y podrás estar orgulloso que el mercado recibirá talento bien formado, bien preparado y con mucha formación de tu propia marca. No permitas que los miedos conviertan tu empresa o tienda en un lugar endogámico sin evolución ni preparación para el día de mañana.

El desarrollo y la promoción interna

En Retail lo más importante que puede existir en cuanto a gestión de personas se llama desarrollar y promocionar.

Es lo que da sentido a este trabajo, saber que las personas que comienzan en un punto del camino, tendrán la posibilidad de llegar a donde quieran.

Pero para que las personas que trabajan en retail crezcan, alguien tiene que enseñarles el camino, desarrollarles como personas y profesionales, hacerles crecer reforzando sus fortalezas y ayudarles con sus debilidades. Podemos ser muy comerciales pero saber poco de gestión de equipos, que es algo que no se enseña en ninguna parte y que sólo aprendemos con la experiencia.

Capar las posibilidades de crecimiento de las personas, dejar a los profesionales 'encerrados' en tienda y no darles de la posibilidad de formarse, de opinar, de escuchar… es sinónimo de cerrar las puertas de tu empresa al crecimiento y al futuro.

Si quieres que tus equipos estén motivados, vendan, se entreguen, quieran conseguir los mismos resultados que tú y sientan la empresa como suya, apuesta por ayudarles a crecer.

La inmediatez de nuestro sector, donde las cosas están pasando cada segundo, recibir y dar feedback puntualmente es una necesidad. Cuando estés en el punto de venta con tu equipo enséñales, guíales, acompáñales y remarca todas aquellas acciones que hacen bien. Menciona todo aquello que no funciona, todo lo que hay que mejorar y todo aquello que los clientes nos transmiten con su lenguaje corporal o su comportamiento que quieren ver de otra forma.

El horario y la productividad

Montar un buen horario es un arte al alcance de muy pocos. Por ello existen también software que lo pueden crear de forma automática con una serie de parámetros introducidos previamente. Durante muchos años se ha enseñado a los directores de tienda a montar un horario en función del tráfico, de la venta, de las horas contratadas, de la productividad, de otros KPI, de los parámetros del año anterior, etc. Y aún y así, los resultados siempre han sido complicados.

El horario se tiene que hacer en base a la venta (o tráfico si lo conocemos) y a posteriori incluir las tareas que requieren de personal.

Si la venta y el tráfico son distintos cada día de la semana, cada semana del mes, y por supuesto cada mes, entonces tenemos claro que los horarios no pueden ser iguales cada día.

Hay que huir de los horarios fijos, a 40 horas, para personas que vienen el mismo día cada día de su vida, las mismas horas, etc. Porque todos los equipos tienen claro que prefieren estar en tienda con mucho trabajo que de brazos cruzados porque las horas pasan mejor.

Hablando con muchos comerciantes me di cuenta que lo que más les preocupaba era precisamente este punto, el horario y las horas contratadas. Porque durante años han tenido que mantener las mismas personas que tenían contratadas incluso antes de la crisis y ahora que vendían la mitad, ya no sabían qué hacer con ellas ni cómo planificarlas.

De ahí está el arte de contratar personas a tiempo completo y otras a tiempo parcial. Los horarios se montan con las de 36 o 40 horas, mientras que las parciales (que pueden muy bien ser estudiantes o profesionales que quieren compaginar su vida laboral con otros menesteres), nos ayudan para rellenar días y sobretodo para dar sentido a los picos de venta.

Hay que dejar de demonizar los 'part time' en el sector retail. Son los que dan sentido a la productividad y al éxito del negocio. Tengamos en cuenta que en contra de lo que se puede creer, un part time no es precario, sino un posible futuro 'full time' y nos ayudan a exponer nuestro negocio al éxito con las mejores condiciones de venta. Un 'part time' viene fresco, con energía y con ganas de trabajar. Sabe que si lo desea, porque no todos lo quieren, podrá ir subiendo de horas a medida que avanzan los meses.

Con la buena combinación de 'part time' y 'full time' construimos los horarios más productivos y con ello vendrán los mejores resultados.

Incentivos, salario y comisiones

El daño que ha hecho el coste de personal en muchos de los pequeños negocios, aparte de la sobre-contratación de personal y horas, es también el salario.

Está comprobado que a todos los equipos que trabajan directamente con la venta hay que incentivarlos con comisiones o bonus directamente relacionados con los resultados. Cuando se hace así, los resultados son inmediatos.

Por un lado cuando hablamos de salario debemos tener en mente una combinación perfecta entre salario fijo base y comisión. La comisión por resultado de ventas directa puede ser personal o global de tienda o de varias tiendas si es para los Área Managers.

Esta combinación de porcentajes puede variar en función de la empresa, pero el resultado siempre es óptimo.

Además hay otras fórmulas que podemos añadir a este salario para aumentar la productividad, como por ejemplo una resalta por responsabilidad concreta de tienda, sea responsable de almacén, cajero, responsable de accesorios, etc.

Además podemos añadir un bonus anual o trimestral por el cumplimiento de otros parámetros que nos interesen de tienda como el margen, la merma, la rotación de personal, etc.

La cuestión es acercar el personal al negocio tanto como sea posible, incluido a través del salario. Cuanto más relación exista entre los resultados que queremos conseguir y el salario de las personas que trabajan en tienda, mejores resultados obtendremos y más motivados los equipos estarán, siempre y cuando, los objetivos a batir sean realistas.

A mí personalmente me gustan mucho los incentivos tipo concurso que sirven para incentivar, valga la redundancia, motivar la venta e involucrar al equipo por un periodo corto de tiempo y con unos parámetros a cumplir muy concretos. Por ejemplo, cuando queremos subir el precio medio, se fija el valor desde donde partimos y se marca el reto de subirlo un 10% o bien de forma individual o grupal (tienda). Desde el día que se pone en marcha, a todos los participantes se les informa del incentivo que recibirán si logran el objetivo. Este incentivo puede ser económico, un día libre, un sábado libre, un artículo de tienda, u otro motivador que sabemos que el equipo aprecio. Los resultados suelen ser muy positivos a todos los niveles.

La actitud y la motivación

Para motivar a las personas hay que saber qué les motiva antes. Y si somos de los que creen, como yo, que con la actitud se nace y no se hace, tendremos bastante claro el porqué los profesionales de una tienda están motivados o desconectados.

Entendemos como motivación, esa ilusión, esas ganas, esa pasión, esa entrega, esa energía que transmitimos cuando estamos trabajando. Sin este espíritu, trabajar de cara a los clientes es inviable. Acepto que esta motivación oscile en mayor o menor medida, pero periodos prolongados de desanimo son inadmisibles porque el cliente lo percibe y no quiere esto.

A través de la actitud con la que afrontamos el trabajo, demostraremos a nuestros responsables si estamos motivados o no.

Los clientes quieren excelencia incluso cuando son compradores de productos de precio bajo. Y esta excelencia se transmite a través de las personas que están defendiendo esta venta.

La motivación de nuestros equipos depende directamente de nosotros. Los responsables de tienda, los Area managers y todos los directores que dirigen a grupos de personas son los instigadores de la motivación personal.

Pero como decía al inicio hay que saber qué motiva a cada persona para poder intentar motivarla ya que sería absurdo querer hacerlo con los mismos incitadores que nos funcionan a nosotros. Y de nuevo, esto suele ser un problema común en nuestro sector.

Para comenzar a enfocar la motivación de las personas que trabajan en nuestras tiendas, empecemos con pasar tiempo con ellos, trabajando en la tienda. Nos respetarán y querrán compartir con nosotros sus expectativas, desde su terreno.

La primera vez en mi vida que realicé el cuestionario de 12 preguntas Q12 (lo podéis encontrar online) me sorprendí y mucho de las cosas que podían estar afectando mi motivación. Y es que a través de 12 breves preguntas relacionadas con el reconocimiento, la progresión en el trabajo, el agradecimiento y el trabajo en equipo, te das cuenta realmente qué cosas pequeñas podría estar haciendo tu responsable directo para cambiar tu motivación hacia mejor.

Y desde entonces me lo aplico a mí misma para que mis equipos no puedan sentir el vacío que te puede dejar alguna de las preguntas del Q12 cuando las tengan que contestar.

La entrevista de salida

Cuando las personas deciden dejar nuestro proyecto, suelen hacerlo por varios motivos pero principalmente por no estar a gusto, por el salario o por conflicto con su responsable directo.

A mí personalmente me gusta realizar una entrevista de salida cada vez que una persona deja la compañía. Esta entrevista personal (si se puede) o escrita si no hay disponibilidad, debería llevarla a cabo un responsable que no sea el responsable directo del entrevistado.

¿Para qué sirve y qué nos puede aportar?

Sirve para hacer conocer más a fondo lo que hemos hecho mal o lo que ha sucedido con ese candidato, para hacer auto-critica y para conocer cómo podemos mejorar en retención de personal. También sirve para dejar un buen sabor de boca final al profesional que se va, porque así sabrá que su opinión nos importa.

La entrevista de salida es una invitación a la reflexión.

La comunicación

La comunicación es esencial para convertir los grupos en equipos. Y para que éstos tengan mucha comunicación entre ellos, los líderes tenemos que poner en práctica una serie de trucos para asegurarnos que reciben toda la información, la asimilan y la saben trabajar.

Tenemos que mantener un corcho o pizarra fijo en la zona de almacén, exclusivamente para temas laborales como horario, contacto de la mutua, información sobre riesgos laborales, el calendario laboral, etc.

Aparte podemos usar otro para todas las informaciones comerciales como producto, visual merchandising, bajadas de precio, etc.

Y por último a mí particularmente me gusta mucho trabajar con una pizaarra tipo vileda para el seguimiento de ventas, KPI, objetivos marcados y presupuesto. Esta pizarra es activa y debe actualizarse como mínimo una vez al día para mostrar las cifras y datos actualizados.

Todos tenemos que saber por y para qué luchamos cada día que comenzamos la jornada laboral.

También es vital la reunión nipona o japonesa que la Directora de tienda debe liderar antes de comenzar a trabajar y si es posible, al cierre también. Esta reunión, que podéis ver en muchas tiendas o restaurantes si paseáis por zonas de ocio o compras antes de las 10 de la mañana, es una reunión que dura máximo 15 o 10 minutos y en ella se explican los resultados de ayer, se comparten los objetivos de hoy y se comentan puntos a tener en cuenta que nos ayudarán a conseguirlos.

Deben participar todos los componentes para evitar que se convierta en un show exclusivo de la responsable. Todos los integrantes del equipo tienen que saber que esta reunión es para el equipo y es la que nos ayudará a poner en marcha un buen día comercial.

También suelo pedir una libreta en la zona de caja, que será como una especial de biblia de tienda dónde todos las personas que trabajan en el equipo podrán escribir y consultar. Esta libreta contendrá todo lo que pasa por tienda para que todos estemos informados y al día de lo que nos puedan solicitar. Si viene un mensajero a recoger un paquete, si llama el director a la tienda, si una clienta nos pone una hoja de reclamación, etc., todo esto deberá constar en esta biblia de consulta común que nos servirá para poder estar informados sin depender de que nuestra comunicación que el ritmo de trabajo nos puede hacer olvidar.

Por último, y para evitar el mal de los emails y comunicados de servicios centrales, me gusta recomendar que todos los emails que llegan a tienda con informaciones para el funcionamiento global, tienen que ser impresos, subrayados para destacar lo más importante y que puedan ser leídos rápidamente. Por último, los hago leer y firmar por todos los integrantes del equipo para asegurar que todos hemos leído y asumido los cambios que hay que implementar.

Conociendo todo aquello que tenemos que trabajar en tienda y todo lo que podemos retocar para mejorar nuestros resultados, estamos preparados para entrar en el capítulo **Mi plan de acción**, donde veremos qué tecla podremos tocar cada vez que la sintonía no suene bien.

MI PLAN DE ACCION

Como he comentado en varias ocasiones a lo largo del libro, cuando las cosas no van bien, o cuando sencillamente queremos mejorar los resultados, no nos podemos quedar de brazos cruzados, sino que tenemos que tomar acción.

Ahora que ya hemos analizado los KPI disponibles en el punto de venta, ya sean comerciales, de producto o de personas; y que conocemos cómo funciona la operativa de una tienda, entraremos en el terreno de 'caso - acción - resultado - reacción' para no quedarnos esperando que pase el tiempo y buscar siempre una solución.

Puse en práctica el proyecto **Mi plan de acción** la primera vez que trabajé con equipos a los que quería desarrollar, quería hacerles crecer y hacerles sentir importantes, que su opinión significaba mucho. Pero me di cuenta de que eran poco dados a analizar las situaciones por el simple sentimiento de la culpabilidad. Pensaban que cada vez que yo o algún responsable suyo les pedía explicaciones sobre situaciones, se les estaba juzgando, cuando en realidad la única intención era pedir a los que saben, qué está pasando en la tienda.

Los números son sólo cifras y en venta tienes a los clientes delante, es decir puedes unir lo que te dicen los números con lo que observas, ves, analizas y preguntas.

Me pasé meses enseñando a las personas del punto de venta que ellos podían aportar mucho más y sobretodo que estaba en sus manos poder cambiar el rumbo de las cosas porque eran los conocedores de la situación real. Que cuando se les pedía explicaciones nadie estaba intentado examinarles sino todo lo contrario: confiábamos en ellos.

Superada la asimilación de la primera fase, llegó la segunda fase, la de realmente analizar con criterio y dar feedback constructivo. ¿A quién no le ha sucedido que sus equipos entran en círculos viciosos de negatividad y sólo logran que ponernos nerviosos?. Me he encontrado en muchas ocasiones con propietarios de negocio que se sienten agobiados y como en un callejón sin salida porque sólo reciben feedback negativo de parte de los vendedores, cuando les preguntan qué pasa con las ventas, si gusta la colección, qué dicen los clientes, etc. Y a esto le llamo yo circulo vicioso negativo de los equipos de tienda por falta de herramientas analíticas y por pensar que su opinión no valdrá la pena.

Con el proyecto **Mi plan de acción**, la misión es enseñar a todas las personas del punto de venta que los problemas no son criticas, sino fruto del análisis que hacemos. Y las soluciones sólo llegan gracias a las personas que detectamos los problemas, los analizamos y les buscamos salida.

Para poder explicar a los equipos de tienda qué es un plan de acción yo lo suelo trabajar en base a 6 preguntas:

¿Qué problema tengo?
¿Cómo lo detecto?
¿Cómo lo puedo solucionar?
¿De qué recursos dispongo?
¿Cómo lo trabajo con el equipo?
¿Qué seguimiento le doy?

Las desarrollaremos una a una con ejemplos prácticos para que al final de libro podamos adaptarlos a nuestra realidad diaria.

Antes de comenzar, pero, me gustaría hacer hincapié en el hecho que los equipos de tienda saben mucho y tienen mucha información. Tenemos que ayudarles a que no se sientan culpables pero sí importantes para resolver todo lo que está en sus manos, que es mucho. Y como parte del desarrollo, tenemos que ayudarles a analizar, sacar conclusiones, comunicar, y aplicar todas las herramientas para conseguir resultados.

¿Qué problema tengo?

Soy de las que piensa que, al menos en retail, todas las buenas decisiones se toman cuando las cosas van bien y los resultados nos acompañan. Porque si nos esperamos a cambiar las cosas, por pequeñas que sean, cuando vamos mal y estamos nerviosos y agobiados.

Así pues, mi ***Mi plan de acción*** es un método de trabajo para descubrir en detalle cómo estoy y buscar nuevas fórmulas para mejorar.

Para detectar el problema que tengo es siempre bueno compararse con el año anterior porque nunca podemos estar por debajo, sino todo lo contrario, siempre tenemos que situarnos mejor.

El problema que tengo puede ser "Ventas en negativo", "Menos unidades vendidas que el año pasado", "Menos afluencia" o cualquier de los parámetros que hemos estudiado en capítulos anteriores.

Parece muy simple encontrar el problema real, pero no lo es. El día a día de tienda nos obliga perder un poco el sentido de la realidad o a enfocarlo hacia un lado que no toca y nos solemos alejar de lo que realmente nos interesa.

Con este plan de acción tenemos que pararnos a pensar qué es lo que nos está pasando.

A menudo ante la pregunta ¿Qué problema tengo? Me he encontrado, falta de tráfico, cierre de poca venta, colección no encaja, falta de tallas o colores, conversión baja, menos ventas de unidades que el año pasado, bajada del precio medio, etc.

Hay que ser valiente y apostar por detectar lo que falla.

¿Cómo lo detecto?

A continuación viene la pregunta: **¿Cómo lo detecto?** que es la que nos avala para confirmar el problema que tengo.

Es decir, si tengo falta de tráfico, tengo que buscar el tráfico de los años anteriores y compararlo. Tengo que analizar los días naturales para ver si ha habido algún festivo que esté pudiendo perturbar las estadísticas o bien si hay algún evento en alguna parte de la ciudad que desplace el tráfico a otra zona, o si la afluencia tiene el acceso bloqueado a mi zona por un cierre de calles, por una manifestación, por unas obras…

Si en cambio cuando me pregunto ¿Qué problema tengo?, si éste es de venta, en y en concreto se ve impactado por un bajada de UPT, es decir que el valor de este año es inferior al del año pasado o inferior al que venía teniendo en las últimas semanas o meses, tengo que preguntarme ¿Cómo lo detecto?. Sólo así entraré en detalle en el problema y buscaré los causantes.

El problema lo detecto porque bien el equipo no está haciendo un trabajo concienzudo de venta cruzada, o bien tengo una carencia seria de algún producto agotado que se vendía fácilmente, o bien he cambiado la exposición en caja o cerca de probadores, si los hay, (dos de los puntos de más venta cruzada de la tienda.

El UPT es directamente proporcional a atención al cliente y venta directa, a exposición comercial y stock de producto y cartelería de precios, o trabajo en zonas calientes como caja y cerca de probadores.

Si el UPT falla hay que revisar todos estos puntos porque en uno de ellos encontraremos el error que nos ha llevado a una caída directa del valor comparándolo con otras semanas o meses.

¿Cómo lo puedo solucionar?

Una vez tenemos localizado el problema, entramos en la fase de ¿Cómo lo puedo solucionar? dado que ya hemos entrado en mucho detalle y sabemos qué carencias o fallos hemos tenido.

Si por ejemplo continuamos con el problema de tráfico mencionado anteriormente, está claro que la solución no pasará por atraer más tráfico porque es un **KPI** que está lejos de nuestro alcance.

No está en nuestras manos traer pasaje a nuestra tienda. Porque no nos engañemos, realizar una promoción, una rebaja especial, o un evento especial requiere una inversión alta y consiste en una caída de margen seria. Estamos hablando de atraer tráfico sin tener que penalizar nuestra cuenta de resultados, y esto, no lo podemos conseguir. Siempre pido a los equipos que se olviden de las ideas que nos bloquean porque no nos aportan nada más que malestar.

¿De qué sirve que repitamos día tras día que no tenemos tráfico si no buscamos otras opciones para hacer contrapeso a esta caída de afluencia? Porque opciones hay y la clave es trabajarlas.

Si el resultado de la bajada de ventas es por culpa de una caída en tráfico, centrémonos en otras cosas que sí podemos influencia como por ejemplo subir el ticket medio, subir la conversión o subir el UPT.

En resumen, los KPI nos ayudan a poder sustituir las carencias de unos por las fortalezas de otros.

Para encontrar una solución a un problema, una vez lo hemos detectado en detalle a través de un KPI concreto, podemos recurrir a otros KPI que sustituyen las carencias del más débil.

Seguimos con ejemplos.

Cuando me falla la conversión, esto sería directamente proporcional a falta de atención al cliente pero si entramos en más detalle podemos detectar que tenemos poca rotación de stock, o podemos reforzar el UPT y el ticket medio para que aunque convirtamos menos compradores, los que acaben comprando, compren más. Podemos también analizar el personal que tenemos en los picos de afluencia para que cuando tengamos más tráfico, éste pueda ser absorbido y tratado con mayor intensidad.

Es decir, siempre que tengo un problema detectado, no puedo lamentarme o quedarme de brazos cruzado. ¿Qué puedo hacer para mejorarlo? Puedo dedicarme a trabajar otro de los KPI que sustituirá las carencias de este.

Tengo que sobretodo hacer autocrítica y ver la situación con ojos de ver, con ojos de querer mejorar. Repasaremos todos los KPI que me pueden ayudar a mejorar la situación y recurriremos a todos los parámetros de gestión de tienda que hemos visto en capítulos anteriores sobre producto, personas y operaciones.

Siempre hay algo que podemos hacer. Lo único que nunca podemos usar es el bloqueo. Si alguien construye muros, nosotros los tenemos que romper.

¿Cómo lo trabajo con el equipo?

La clave de toda esta teoría está aquí. Porque como hemos venido comentando durante todo el libro, la clave son las personas y son ellas las que nos ayudarán a lograr los resultados. Sin los equipos de tienda, si ellos no están convencidos, si ellos no comparten este método, si ellos no lo ven claro, si ellos no saben que su opinión es importante y que contamos con ellos, no habremos logrado nada.

Es importante que ellos estén comprometidos, que tengan el mismo objetivo y que crean en sí mismos para cambiar la tendencia de las cosas. Si les ayudamos a huir de la culpabilidad y en cambio les postulamos como los artistas que sí pueden provocar un cambio hacia la mejora, entraran fácilmente en el juego y conseguiremos el reto en común.

Para trabajarlo con el equipo hay que enseñarles el método paso a paso y acompañarles desde dentro de la tienda a detectar las cosas que podemos cambiar. Poco a poco ellos saldrán del círculo vicioso en el que estaban y entrarán solos en este capítulo de trabajo en equipo para buscar alternativas a los problemas que tenemos.

Verán que si el tráfico no acompaña, podrán reforzar otros KPI de tienda para llegar al objetivo de venta, sin la necesidad de agobiarse por el hecho que no hay afluencia.

Contar con la opinión de los equipos que trabajan en la tienda es responsabilidad de todos pero beneficio aún más global, porque conseguiremos el doble de resultados. Pero para ello, tenemos que enseñarles a trabajar.

¿Qué seguimiento le doy?

Podemos generar reporting automático de los KPI de tienda a diario, semanalmente y mensualmente. Si enseñamos a los equipos a leer adecuadamente estos parámetros les enseñamos a compensar con unos KPI, las debilidades de otros, tendremos mucho logrado.

Los equipos de tienda no deberían 'perder' el tiempo calculando sino leyendo, interpretado y tomando acciones.

No podemos sólo pedirles explicaciones cuando nos apetezca sino que tenemos que compartir estos datos con ellos a diario para que se familiaricen. Sólo así lograremos que lo interioricen y lo usen por el bien del resultado.

Ejemplos prácticos

Caso 1

En una tienda de venta de trajes de novia, el mes ha comenzado con unas ventas negativas respecto al año anterior y a presupuesto. Cuando preguntamos al equipo qué está pasando para poderles ayudar, éstos sólo saben contestar que las novias no vienen a la tienda, que no hay tantas bodas como el año anterior y que las que vienen, lo hacen con un presupuesto mucho inferior y antes de tomar ninguna decisión, quieren visitar toda la competencia.

Si usamos **Mi plan de acción** para descifrar lo que está pasando y cómo le ponemos solución, encontraremos muchas más razones y muchas más opciones que las que el equipo nos está dando.

La base es que el equipo no está habituado a trabajar analizando los KPI como una herramienta para encontrar soluciones viables al problema. El equipo se siente poco seguro de la fuerza y capacidad que tiene para cambiar el rumbo de la venta. El equipo necesita la confianza suficiente para dejar de construir muros y comenzar a construir un plan de acción para cambiar esta tendencia.

Empezamos.

¿Qué problema tengo?

Bajada en ventas respecto al año anterior. Analizamos si se trata de bajada en importe y unidades o sólo en importe. Es decir, comparamos si el año pasado habíamos vendido más o menos unidades para encontrar el problema real: si se trata de un problema de venta generalizada, de precio medio o de unidades.

Pero el problema real que tengo es que estoy vendiendo menos que el año anterior.

¿Cómo lo detecto?

Toca comparar la venta del año anterior con la de este año y analizar la de las últimas semanas o meses.

Comenzaremos analizado los siguientes KPI numéricos: venta, unidades, precio medio, ticket medio, tráfico o afluencia, conversión o eficiencia.

En función de los resultados que obtengamos entraremos a profundizar en qué podemos hacer para cambiarlo.

Si el problema es que entra menos afluencia y la conversión es menor y encima el precio medio es menor, ya que estos son los KPI meramente numéricos que tenemos, analizaremos con los parámetros de gestión de tienda qué puede suceder.

Analizaremos la competencia (si es que está llevando a cabo acciones promocionales o outlets), analizaremos nuestro escaparate (si el producto fuera muy barato o muy caro y nos estuviéramos yendo a los extremos), nuestra página web y la comunicación o marketing que estamos lanzando a la base de dates de clientes y al mercado en general.

¿Cómo lo puedo solucionar?

Hay varias posibles soluciones. Podríamos comenzar por revisar la política de precios que tenemos en el escaparate que podría ser contraproducente.

Deberíamos trabajar con el equipo el hecho del miedo. Cuando las vendedoras pasan unos días de malas ventas, ya que éstas merman directamente la motivación y el salario en base a comisión, suele suceder que ellas mismas bloqueen el crecimiento del precio medio, mostrando y probando a las clientes vestidos de precio medio más bajo para intentar buscar un cierre más inmediato y no dejarlas escapar. Es muy probable que la clienta venga a tu tienda condicionada por unos modelos de vestido que habrá visto en web o en escaparate y éstos no se vean representados en el momento de la venta, en el que la dependienta está más pendiente de cerrar y por miedo tira bajo.

¿De qué recursos dispongo?

Puedo hacer varias cosas pero por tabla cruzada sabemos que a menor tráfico, hay que subier la conversión. Venderé lo mismo si me entran 100 personas y vendo a 10 que si me entran 50 y vendo a 20. Así que iremos a subir la conversión trabajando la atención al cliente, el conocimiento de producto, la exposición comercial y el argumentario de venta bien elaborado.

También podemos subir la venta con menos tráfico pero subiendo el ticket medio. Así pues trabajaremos con el equipo para apostar por vestidos de un precio medio mayor. Y aquí añadiremos incrementar el UPT es decir trabajar la teoría del look total para poder unir al ticket más de un articulo. La venta cruzada servirá para incrementar la cuenta, para dar seguridad a la clienta porque la vendedora le está aportando el look total.

¿Cómo lo trabajo con el equipo?

Una vez he analizado el problema que tenemos y cómo lo vamos a solucionar, será el momento de comunicarlo al equipo, de trabajarlo en reuniones breves antes de comenzar, de enfocar el día hacia subir la conversión, el precio medio y el UPT y haciendo seguimiento después de cada venta.

También puedo trabajar con los recursos que tengo planificando las mejores vendedores en los picos de más venta o de más necesidad. Para asegurarnos al 100% que ponemos toda la carne en el asador, como se suele decir.

¿Qué seguimiento le doy?

Como directora de tienda mi interés es asegurarme que el equipo no sólo lo entiende sino que lo "lo compra" y lo hace suyo para que el proyecto esté tan interiorizado como para ponerlo en práctica de forma automática. Es bueno revisar los resultados cada mañana antes de empezar, al cambio de turno y al cierre. Son 3 minutos, pero sirven para que todos estemos alineados, para que seamos consistentes con el mensaje y para que sepamos qué tenemos y contra qué tenemos que luchar para conseguir nuestro objetivo.

Caso 2

Una tienda de accesorios está vendiendo mucho más que el año anterior (13%) y no para de recibir felicitaciones. Cuando nos ponemos a analizar los KPI nos damos cuenta que esta tienda tiene: un incremento en tráfico del 19%, una conversión muy inferior al año pasado (año pasado 13%, hoy 9%), un ticket medio igual al año pasado, pero una venta cruzada muy inferior (año pasado 1,65 y este año 1,40)

¿Qué problema tengo?

Que sin analizar los KPI (que nos dan una visión real de lo que realmente está sucediendo con el potencial que tiene la tienda), pensábamos que el equipo era mejor que el del año anterior y que estaban realizando un trabajo brillante.

¿Cómo lo detecto?

Porque analizando los KPI me doy cuenta que en realidad lo que esta tienda ha hecho es perder ventas frente al gran potencial que tenía, ya que ha recibido un 19% más de visitantes o potenciales compradores que no sólo no ha aprovechado al mismo ritmo que lo hizo el año anterior (con una conversión del 13%) sino que ha hecho un menor esfuerzo para conseguir que más compraran.

¿Cómo lo puedo solucionar?

Compartiendo los datos con el equipo, asegurándote que entienden el foco del problema (conversión), enseñarles a trabajar el multicliente, demostrando que mucho cliente entra atraído por algo y mucho (demasiado y más que el año pasado) sale sin comprar. Y esto es lo que hay que evitar.

¿De qué recursos dispongo?

Disponemos del equipo, de un gran tráfico y sólo tenemos que asegurar que sabemos cómo cambiar la tendencia, realizando una mejor cobertura de tienda, asegurando que atendemos a todo el que entra, reponiendo constantemente para que si no le atendemos, como mínimo vea por sí solo el producto, etc.

¿Cómo lo trabajo con el equipo?

Con reuniones breves pero dinámicas que demuestren con números los hechos, para que se lo crean y lo quieran defender. Les enseño a cubrir zona y aprenderán el impacto positivo en venta que supone incrementar conversión un punto, dos, tres, etc.

¿Qué seguimiento le doy?

Diario pero también cada hora es bueno mirar los KPI, al cambio de turno y por supuesto al inicio del dia y al cierre hay que dedicar unos 5 minutos a ver los resultados y hacer una reflexión.

VER CON OJOS DE VER

Cuando quieres realmente cambiar una tendencia, unos resultados, etc., tienes que empezar con la humildad. La verdad puede doler y los seres humanos somos muy negacionistas, aparte de detestar el feedback o la crítica no constructiva. Solemos dedicar gran parte de nuestra energía a contrariar las opiniones negativas. Pero para poder corregir los resultados de mi negocio lo importante y básico es aceptar que algo no va bien y lo más fácil será aceptar que para mejorar los resultados, nosotros tenemos que cambiar algo o tocar una tecla diferente. Si te centras en lo que tú realmente puedes cambiar, los resultados llegarán antes y el sufrimiento será menor.

Es bueno volver a entrar en la tienda (a la cual entras cada día de la misma forma) como si fuera el primer día de tu vida, con ojos de ver cosas nuevas, con la intención de mejorar, con la idea de buscar lo mejor, pero sobretodo con los ojos de un crítico consumidor. Sólo así encontrarás varios puntos de mejora, porque sin quererlo, los humanos dejamos de ver las cosa que antes sí nos llamaban la atención.

Si tienes ganas de cambiar las cosas, de buscar resultados diferentes, de intentar nuevos retos y de buscar nuevas salidas a lo que está sucediendo actualmente, definitivamente tienes que hacer cosas nuevas.

Ver con ganas de ver es un símil de cómo tienes que plantearte tu visita, como si fuera el primer día. Elaboras una lista de las cosas que si no fuera tu tienda, te gustaría realizar de forma diferente y después elaboras una lista, la ordenas por prioridad (urgente, importante, no imprescindible y secundario) y te pones manos a la acción.

Pero para todo ello hay que tener las ganas y la ilusión de optar por nuevas opciones, nuevas ideas y nuevas posibilidades.

Recuerda, a partir de hoy, entra en tu tienda cada día como si fuera el primer día y ponte siempre las gafas de ver.

RETAIL IS DETAIL

Es seguramente la frase más conclusiva de lo que supone mantener un punto de venta, donde los detalles cuentan porque estamos siendo juzgados cada vez que alguien nos ve, entra o pasa por delante. En un comercio tenemos la suerte de poder mejorar cada minuto porque cada segundo que pasa recibimos feedback y es por ello que los detalles, por pequeños que sean, cuentan una barbaridad.

Imaginemos por ejemplo que los cristales del escaparate (que se limpiaron a primera hora, están llenos de grasa porque alguien ha apoyado varias veces las manos, o que la alfombra de la entrada está llena de hojas o de colillas arrastradas por el viento de la calle, o que tenemos la zona de caja llena de mercancía que esta mañana no nos ha dado tiempo a terminar de procesar. Todo esto, en una oficina donde no hay clientes, no sería grave, pero en una tienda, donde las puertas están constantemente abiertas y durante todas esas horas representamos nuestra marca, puede suponernos un problema de verdad.

En retail todos los detalles cuentan: el escaparate, la entrada, la exposición de producto, la iluminación, el olor, la limpieza, la música, la energía y actitud de los equipos, las informaciones, la cartelería, la caja, los probadores (si hay), lo que se ve del almacén, el trato que damos al producto, etc. De manera consciente o inconsciente los clientes van construyendo una imagen de quienes somos y suben el listón.

A menudo, sin saberlo, la monotonía hace que nos relajemos, o permitamos que algunos de estos defectos se vuelvan habituales y por ello podamos estar perdiendo clientes o calidad de servicio que nos será muy difícil recuperar. Sabemos que los clientes son estrictos pero vale la pena que nosotros lo seamos aún más.

A lo largo de todos estos años visitando tiendas por el mundo, me he dado cuenta que una de las mayores debilidades que tenemos en retail es precisamente esto, la relajación. Es sorprendente ver como grandes insignias, sobre las cuales pensaríamos que lo tienen todo bajo control, pierden imagen y experiencia de compra por la relajación de sus equipos de ese punto de venta concreto, que han dejado de ver con ojos de ver.

¿A quien no le ha pasado, verdad?

En Retail tenemos una gran suerte y es que sabemos cómo vamos en todo momento, conocemos los resultados de nuestras acciones al instante y tenemos mucho margen de maniobra para poder mejorar todo lo mejorable.

Y no olvidemos que si dejamos a un lado las cosas que pasan ajenas a nosotros, pero que nos afectan, y nos centramos en lo que realmente podemos impactar, los éxitos llegarán.

Los clientes cambian, evolucionan y son exigentes. Esto tiene que ser una gran oportunidad para que nuestro negocio crezca y salga reforzado.

Con tener un buen local, un buen concepto y un producto interesante, no está todo ganada, porque necesitamos un buen equipo también. Las personas que defienden nuestro producto y nuestra marca cada día en la tienda son los que realmente marcan el ritmo de nuestro negocio. Si les demuestras que te importan, si les formas, si les enseñas, si les dedicas tiempo y les haces partícipes del proyecto, los resultados no tardarán en llegar.

Retail es pasado, presente y futuro. Haz cosas, cambia, prueba nuevas cosas y nútrete de lo que los clientes dicen de ti.

I WANT THAT JOB NOW!

A STEP BY STEP GUIDE TO HELP YOU GET THAT JOB NOW!

Tarek N Hassan

And first, an entertaining adventure story of experiences in different jobs